合格テキスト

テ キ ス ト

よくわかる**簿記**シリーズ　　TEXT

日商簿記1級

商 業 簿 記 ・ 会 計 学

❖ はしがき

　現代はＩＴ社会といわれるように，情報・通信技術の飛躍的な発達にはめざましいものがあり，企業経営においても合理化・効率化や，より戦略的な活動の推進のためＩＴ技術の積極的な導入が図られています。とりわけ経理分野では，コンピュータの利用により，簿記の知識はもはや不要とすらいわれることもあります。しかし，これらの情報機器は計算・集計・伝達のツールであり，得られたデータを生かすには簿記会計の知識をもった人の判断が必要であることを忘れてはなりません。

　また，国境という垣根のないグローバル社会を迎え，企業は世界規模での戦略的経営を要求されるようになっています。ビジネスパーソンにとっては財務や経営に関する基礎知識は必須のものとなりつつありますが，簿記会計を学習することによりその土台を習得することができます。

　本書は，日本商工会議所主催簿記検定試験の受験対策用として，ＴＡＣ簿記検定講座で使用中の教室講座，通信講座の教材をもとに，長年蓄積してきたノウハウを集約したものであり，「合格する」ことを第一の目的において編集したものです。特に，読者の皆さんがこの一冊で教室と同じ学習効果を上げられるように，次のような工夫をしています。

　１．学習内容を具体的に理解できるよう図解や表を多く使って説明しています。
　２．各論点の説明に続けて『設例』を設け，論点の理解が問題の解法に直結するように配慮しています。
　３．より上級に属する研究的な論点や補足・参考的な論点は別枠で明示し，受験対策上，重要なものを効率よく学習できるように配慮してあります。
　４．本書のテーマに完全準拠した問題集『合格トレーニング』を用意し，基礎力の充実や実践力の養成に役立てるようにしました。

　なお，昨今の会計基準および関係法令の改定・改正にともない，日商簿記検定の出題区分も随時変更されています。本書はＴＡＣ簿記検定講座と連動することで，それらにいちはやく対応し，つねに最新の情報を提供しています。

　本書を活用していただければ，読者の皆さんが検定試験に合格できるだけの実力を必ず身につけられるものと確信しています。また，本書は受験用としてばかりでなく，簿記会計の知識を習得したいと考えている学生，社会人の方にも最適の一冊と考えています。

　現在，日本の企業は国際競争の真っ只中にあり，いずれの企業も実力のある人材，とりわけ簿記会計の知識を身につけた有用な人材を求めています。読者の皆さんが本書を活用することで，簿記検定試験に合格し，将来の日本を担う人材として成長されることを心から願っています。

2023年10月

ＴＡＣ簿記検定講座

Ver.18.0 刊行について

　本書は，『合格テキスト日商簿記１級商会Ｉ』Ver.17.0につき，「収益認識に関する会計基準」を中心に最新の傾向に対応させるための改訂を行ったものです。

❖ 本書の使い方

　本書は，日商簿記検定試験に合格することを最大の目的として編纂しました。本書は，TAC簿記検定講座が教室講座の運営をとおして構築したノウハウの集大成です。

　本書の特徴は次のような点であり，きっとご満足いただけるものと確信しています。

> 各テーマの冒頭にそのテーマで学習する範囲を示してありますので，事前に学習範囲を知ることができます。

> 論点などを理解するために必要な内容をテーマごとにまとめましたので，無駄のない学習を行うことができます。

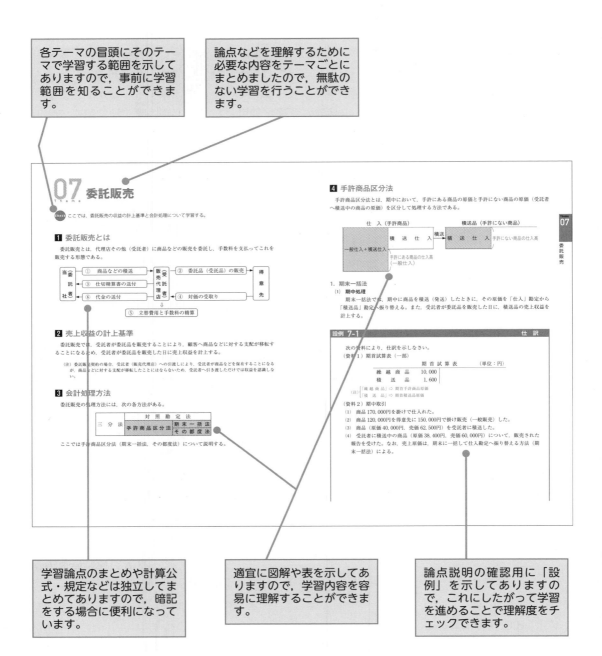

> 学習論点のまとめや計算公式・規定などは独立してまとめてありますので，暗記をする場合に便利になっています。

> 適宜に図解や表を示してありますので，学習内容を容易に理解することができます。

> 論点説明の確認用に「設例」を示してありますので，これにしたがって学習を進めることで理解度をチェックできます。

なお，より簿記の理解を高めるため，本書に沿って編集されている問題集『合格トレーニング』を同時に解かれることをおすすめします。

ＴＡＣ簿記検定講座スタッフ一同

理論対策には ⟋理論 を本文に入れています。学習の参考にしてください。

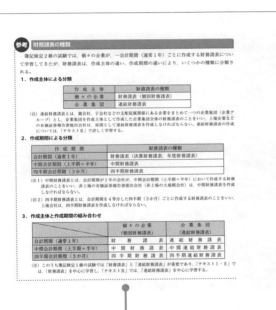

発展的な論点の「研究」，理解を助けるための「補足」，予備的な知識の「参考」などにより，総合的な理解ができるようになっています。

3 会計学総論

「会計」とは、経済主体の経済活動を測定、記録、報告する手続きのことである。「会計」には、対象となる経済主体が、どのような方法で、どんな情報を提供するかにより、さまざまに分類されることがあるが、簿記検定1級の試験でいう「会計学」では、企業が財務諸表の作成をとおして、企業の利害関係者（株主などの投資家、銀行などの債権者、税務署などの国・地方公共団体、取締役などの経営者など）に対して、企業の財政状態、経営成績などの財務内容を報告するための「財務会計」を前提としている。なお、「財務会計」を前提とした「会計学」を「財務諸表論」ということもある。

ここでは、財務会計を行ううえで守るべきルールについて紹介する。

(注) 企業を対象とした「企業会計」は、外部報告目的の「財務会計」と内部報告（管理）目的の「管理会計」に分類することができる。ただし、会計原則および会計基準の中では「企業会計」という言葉が広く使われているため、以降、本テキストでは「財務会計」という意味で「企業会計」という言葉を使用している。また、特に断りのある場合を除き、企業＝株式会社とする。

補足 財務会計の機能

財務会計の機能には、大きく次の2つがあげられる。

(1) 情報提供機能
(2) 利害調整機能

(1) 情報提供機能

情報提供機能とは、投資者（株主などの投資家や債権者）の意思決定に有用な情報を提供する機能をいう。

(注) 今日、企業の活動に必要な資金の多くは、投資者により成立する証券市場から調達されており、証券市場が円滑に機能することが重要になっている。投資者が企業の収益性や安全性についての情報が提供されなければ、投資者は、株式等の購入・売却についての判断が行えず、証券市場は機能しなくなってしまう。そのため、証券市場を円滑に機能させるためには、企業の収益性や安全性についての情報を財務諸表により投資者に提供し、意思決定を可能にする必要がある。

(2) 利害調整機能

利害調整機能とは、企業を巡る利害関係者の利害の対立を解消または調整する機能をいう。

(注) 企業は、株主や債権者から資金の提供を受け、会社経営者が運用することにより利益を獲得する。この利益から株主に配当が行われ、債権者に利息が支払われる。会社経営者は、資金提供者から委託された資金を適正に運用し、利益をあげるような経営活動を行う管理責任がある。そこで、経営者は、財務諸表を作成し、資金提供者から委託された資金をどのように運用し、どれだけの利益を上げたのかを報告することにより、利害関係者の利害を調整している。

❖ 合格までのプロセス

　本書は，合格することを第一の目的として編集しておりますが，学習にあたっては次の点に注意してください。

1．段階的な学習を意識する

　学習方法には個人差がありますが，検定試験における「合格までのプロセス」は，次の3段階に分けることができます。各段階の学習を確実に進めて，合格を勝ち取りましょう。

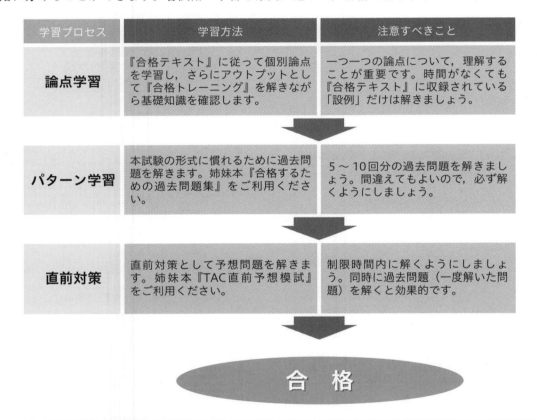

学習プロセス	学習方法	注意すべきこと
論点学習	『合格テキスト』に従って個別論点を学習し，さらにアウトプットとして『合格トレーニング』を解きながら基礎知識を確認します。	一つ一つの論点について，理解することが重要です。時間がなくても『合格テキスト』に収録されている「設例」だけは解きましょう。
パターン学習	本試験の形式に慣れるために過去問題を解きます。姉妹本『合格するための過去問題集』をご利用ください。	5～10回分の過去問題を解きましょう。間違えてもよいので，必ず解くようにしましょう。
直前対策	直前対策として予想問題を解きます。姉妹本『TAC直前予想模試』をご利用ください。	制限時間内に解くようにしましょう。同時に過去問題（一度解いた問題）を解くと効果的です。

合　格

2．簿記は習うより慣れろ

　簿記は問題を解くことで理解が深まりますので，読むだけでなく実際にペンを握ってより多くの問題を解くようにしましょう。

論点学習　▶　「設例」を解く　▶　『合格トレーニング』の問題を解く　▶　次の論点学習

3．学習計画を立てる

　検定試験を受験するにあたり，学習計画を事前に立てておく必要があります。日々の積み重ねが合格への近道です。学習日程を作り，一夜漬けにならないように気をつけましょう（「論点学習計画表」は（11）ページに掲載していますので，ご利用ください）。

学習テーマ	計画		実施	
テーマ01　商業簿記・会計学総論	月	日	月	日
テーマ02　商品売買の会計処理と原価率・利益率	月	日	月	日
テーマ03　棚卸資産	月	日	月	日
テーマ04　収益の認識基準	月	日	月	日
テーマ05　工事契約	月	日	月	日
テーマ06　割賦販売	月	日	月	日

● 学習サポートについて ●

　ＴＡＣ簿記検定講座では，皆さんの学習をサポートするために受験相談窓口を開設しております。ご相談は文書にて承っております。住所，氏名，電話番号を明記の上，返信用切手84円を同封し下記の住所までお送りください。なお，返信までは7〜10日前後必要となりますので，予めご了承ください。

〒101-8383　東京都千代田区三崎町3－2－18

資格の学校ＴＡＣ　簿記検定講座講師室　「受験相談係」宛

（注）受験相談窓口につき書籍に関するご質問はご容赦ください。

❖ 効率的な学習方法

これから学習を始めるにあたり，試験の出題傾向にあわせた効率的な学習方法について見てみましょう。

1．科目と配点基準

日商簿記1級検定試験は，商業簿記・会計学・工業簿記・原価計算の4科目が出題され，各科目とも25点満点で合計100点満点となります。合計得点が70点以上で合格となりますが，1科目でも得点が10点未満の場合には合計点が70点以上であっても不合格となるため，合否判定においても非常に厳しい試験になっています。したがって各科目をバランスよく学習することが大切であり，苦手科目を極力作らないことが合格のための必要条件といえます。

商業簿記・会計学		工業簿記・原価計算	
商業簿記 25点	会計学 25点	工業簿記 25点	原価計算 25点
合　計：100点			

2．出題傾向と対策

(1)　商業簿記・会計学
①　はじめに

商業簿記・会計学の最近の試験傾向としては，商業簿記の損益計算書または貸借対照表完成の「総合問題」と会計学の「理論問題」を除き，その区別がなくなってきています。

したがって，商業簿記対策，会計学対策というパターンで学習するよりも，「個別問題対策」，「理論問題対策」，「総合問題対策」というパターンで学習するのが，効果的であるといえます。

②　各問題ごとの学習法
(イ)　個別会計について

ここでは，個々の企業が行った取引にもとづき，期中の会計処理や個々の企業ごとの財務諸表を作成する手続きなどを学習します。学習項目は，各論点ごとの個別問題

対策が中心となりますが，各論点ごとの学習と並行して，理論問題対策や学習済みの論点を含めた総合問題対策もトレーニングなどで確認するようにしましょう。

㊀　企業結合会計について

　ここでは，本支店会計，合併会計，連結会計といったいわゆる企業結合会計を学習します。この論点についても出題形式としては，個別問題，理論問題，総合問題の３パターンが考えられますが，理論問題や総合問題としての特殊性はあまりないので，個別問題対策をしっかりやっておけば理論問題や総合問題でも通用するはずです。ただし，出題頻度の高い論点なので，十分な学習が必要です。

(2)　**工業簿記・原価計算**

科　目	出題パターン
工 業 簿 記	勘 定 記 入 財務諸表作成
原 価 計 算	数 値 の 算 定

　現在の日商１級の工業簿記・原価計算は科目こそ分かれていますが，出題される内容自体は原価計算です。したがって，科目別の対策というよりも，論点ごとの対策を考えたほうが合理的です。

① 　**個別原価計算**

　工業簿記において，勘定記入形式での出題が中心です。

　工業簿記の基本的な勘定体系をしっかりと把握し，原価計算表と勘定記入の関係を押さえましょう。そのうえで，必須の論点である部門別計算を重点的に学習しましょう。

② 　**総合原価計算**

　主に工業簿記において出題されます。

　仕損・減損の処理は１級の総合原価計算においては基本的事項ですから，確実に計算できるようによく練習しておきましょう。

　また，そのうえで，工程別総合原価計算，組別総合原価計算，等級別総合原価計算，連産品の計算などの応用論点をしっかりとマスターしましょう。

③ 　**標準原価計算**

　工業簿記において，勘定記入形式での出題が中心です。

　標準原価計算における仕掛品の勘定記入法をしっかりと把握したうえで，仕損・減損が生じる場合の計算，標準工程別総合原価計算，配合差異・歩留差異の分析を勘定記入と併せて重点的にマスターしましょう。

④ 　**直接原価計算**

　直接原価計算については，工業簿記において，財務諸表作成での出題が中心です。直接原価計算の計算の仕組みをしっかりとつかんで，特に直接標準原価計算方式の損益計算書のひな型を正確に覚え，スムーズに作成できるようにしましょう。

⑤ 　**ＣＶＰ分析・意思決定など**

　ＣＶＰ分析，業績評価，業務執行的意思決定，構造的意思決定については，原価計算において，数値算定形式での出題が中心です。個々の論点における計算方法を一つ一つしっかりとマスターしましょう。

❖ 試験概要

　現在，実施されている簿記検定試験の中で最も規模が大きく，また歴史も古い検定試験が，日本商工会議所が主催する簿記検定試験です（略して日商検定という）。

　日商検定は知名度も高く企業の人事労務担当者にも広く知れ渡っている資格の一つです。一般に履歴書に書ける資格といわれているのは同検定3級からですが，社会的な要請からも今は2級合格が一つの目安になっています。なお，同検定1級合格者には税理士試験の税法科目受験資格が付与されるという特典があり，職業会計人の登竜門となっています。

級　別	科　目	制限時間	程　　　　　　　度	
1級	商業簿記 会計学 工業簿記 原価計算	〈商・会〉 90分 〈工・原〉 90分	極めて高度な商業簿記・会計学・工業簿記・原価計算を修得し，会計基準や会社法，財務諸表等規則などの企業会計に関する法規を踏まえて，経営管理や経営分析を行うために求められるレベル。	
2級	商業簿記 工業簿記	90分	高度な商業簿記・工業簿記（原価計算を含む）を修得し，財務諸表の数字から経営内容を把握できるなど，企業活動や会計実務を踏まえ適切な処理や分析を行うために求められるレベル。	
3級	商業簿記	60分	基本的な商業簿記を修得し，小規模企業における企業活動や会計実務を踏まえ，経理関連書類の適切な処理を行うために求められるレベル。	
初級	商業簿記	40分	簿記の基本用語や複式簿記の仕組みを理解し，業務に利活用することができる。（試験方式：ネット試験）	
原価計算 初　級	原価計算	40分	原価計算の基本用語や原価と利益の関係を分析・理解し，業務に利活用することができる。（試験方式：ネット試験）	

　各級とも100点満点のうち70点以上を得点すれば合格となります。ただし，1級については各科目25点満点のうち，1科目の得点が10点未満であるときは，たとえ合計が70点以上であっても不合格となります。

主 催 団 体	日本商工会議所，各地商工会議所
受 験 資 格	特に制限なし
試　験　日	統一試験：年3回　6月（第2日曜日）／11月（第3日曜日）／2月（第4日曜日） ネット試験：随時（テストセンターが定める日時）
試　験　級	1級・2級・3級・初級・原価計算初級
申 込 方 法	統一試験：試験の約2か月前から開始。申込期間は，各商工会議所によって異なります。 ネット試験：テストセンターの申込サイトより随時。
受験料(税込)	1級 ￥7,850　2級 ￥4,720　3級 ￥2,850　初級・原価計算初級 ￥2,200 ※　一部の商工会議所およびネット試験では事務手数料がかかります。
問い合せ先	最寄りの各地商工会議所にお問い合わせください。 検定試験ホームページ：https://www.kentei.ne.jp/

※　刊行時のデータです。最新の情報は検定試験ホームページをご確認ください。

❖ 論点学習計画表

学習テーマ	計 画		実 施	
テーマ01 商業簿記・会計学総論	月	日	月	日
テーマ02 商品売買の会計処理と原価率・利益率	月	日	月	日
テーマ03 棚卸資産	月	日	月	日
テーマ04 収益の認識基準	月	日	月	日
テーマ05 工事契約	月	日	月	日
テーマ06 割賦販売	月	日	月	日
テーマ07 委託販売	月	日	月	日
テーマ08 試用販売	月	日	月	日
テーマ09 未着品販売	月	日	月	日

※ おおむね1～2か月程度で論点学習を終えるようにしましょう。

CONTENTS

合格テキスト　日商簿記1級　商業簿記・会計学Ⅰ　**CONTENTS**

理論：理論対策

はしがき／（3）

本書の使い方／（4）

合格までのプロセス／（6）

効率的な学習方法／（8）

試験概要／（10）

論点学習計画表／（11）

テーマ 01　商業簿記・会計学総論／2

1 商業簿記総論	2
2 英米式決算法	4
3 会計学総論 〔理論〕	29
4 制度会計 〔理論〕	30
5 企業会計原則 〔理論〕	31
6 一般原則 〔理論〕	32
7 損益計算書原則 〔理論〕	41
8 貸借対照表原則 〔理論〕	48
9 会計方針の開示，会計上の変更及び誤謬の訂正に関する会計基準 〔理論〕	59

テーマ 02　商品売買の会計処理と原価率・利益率／70

1 売上総利益（商品売買益）と売上原価の計算	70
2 商品売買の会計処理	70
3 勘定分析	75
4 返品・割戻しと割引（仕入側の処理）	78
5 他勘定振替高	81
6 原価率・利益率	82

テーマ 03　棚卸資産／88

1 棚卸資産とは	88
2 棚卸資産の評価方法	89
3 棚卸資産の評価基準	89
4 売価還元法	95
5 棚卸資産の評価に関する会計基準 〔理論〕	104

テーマ 04　収益の認識基準／ 112

1	収益認識の基本原則	112
2	用語の定義	112
3	収益を認識するための手順	113
4	顧客との契約から生じた債権および契約資産，契約負債	116
5	収益の額の算定	119
6	本人と代理人の区分	125
7	商品券	128
8	カスタマー・ロイヤルティ・プログラム（ポイント制度）	130
9	収益認識に関する会計基準　　　　　　　　　　　　理論	133

テーマ 05　工事契約／ 150

1	工事契約とは	150
2	使用する勘定科目	150
3	工事契約に係る収益の認識	150
4	進捗度にもとづき収益を認識する方法	151
5	原価回収基準	157
6	工事損失引当金	159

テーマ 06　割賦販売／ 162

1	一般的な商品販売の売上収益の計上基準	162
2	特殊商品販売とは	163
3	割賦販売とは	163
4	割賦販売の会計処理	163

テーマ 07　委託販売／ 168

1	委託販売とは	168
2	売上収益の計上基準	168
3	会計処理方法	168
4	手許商品区分法	169
5	積送諸掛の会計処理	178

テーマ 08　試用販売／ 184

1	試用販売とは	184
2	売上収益の計上基準	184
3	会計処理方法	184
4	手許商品区分法	185

テーマ 09　**未着品販売／198**

1　未着品販売とは ……………………………………………………… 198
2　会計処理方法 ………………………………………………………… 198
3　手許商品区分法 ……………………………………………………… 198

付　　録 …………………………………………………………………… 208

さくいん …………………………………………………………………… 210

合格テキスト

日商簿記 1 級

商業簿記・会計学 I

01 商業簿記・会計学総論
Theme

Check ここでは，商業簿記の総論として，3・2級までで学習してきた簿記一巡の手続きについて確認する。また，会計学の総論として，1級で新たに学習する会計学の基本について紹介する。

1 商業簿記総論

1. 商業簿記とは

　「商業簿記」とは，商品販売業またはサービス業を前提とした企業の活動（取引）を「帳簿に記録」するための手続きをいう。ただし，今日では，帳簿の記録にもとづいて貸借対照表（B/S）や損益計算書（P/L）などの「財務諸表（F/S）を作成」して報告するところまでを含めて「簿記」とよぶことが一般的であり，簿記検定1級の試験における「商業簿記」では，「帳簿の記録」だけでなく，「財務諸表の作成」までが学習の範囲となっている。簿記検定1級の学習では，まず，3・2級までに学習してきた「簿記一巡の手続き」を理解することが重要である。

2. 簿記一巡の手続きとは

　「簿記一巡の手続き」とは，一会計期間における企業の活動（取引）を仕訳帳で「仕訳」し，総勘定元帳の各勘定へ「転記」し，期末の決算手続により「帳簿の締切」を行うとともに貸借対照表や損益計算書などの「財務諸表を作成」して報告するまでの一連の手続きのことをいう。

3. 各手続きの内容とその流れ

　簿記一巡の手続きは，開始手続，営業手続および決算手続からなる。各手続きの内容およびその流れは次のとおりである。

(1) 開始手続

　　開始手続とは，営業手続に先立って期首に行う記入手続であり，一会計期間における簿記一巡の手続きは，開始手続をすることから始まる。
　　具体的には，前期繰越（英米式決算法）などの開始記入がある。

(2) **営業手続**

　　営業手続とは，期中における財産の増減を記帳する簿記手続をいい，具体的には，期中取引を仕訳帳に仕訳し，それを総勘定元帳の各勘定へ転記するという作業の繰り返しである。

　　一会計期間において，期首に開始手続を行った後，期末に決算手続を行う前までは，すべて営業手続に該当する。

(3) **決算手続**

① **決算手続**

　　決算手続とは，一会計期間の帳簿記録を計算整理して，一会計期間の経営成績と期末の財政状態を明らかにするために行う手続きをいい，具体的には，減価償却や貸倒引当金の見積りなどがある。

② **試算表（T/B）**

　　試算表とは，総勘定元帳に記録された各勘定の残高（または合計額）の一覧表であり，仕訳帳からの転記が正確に行われているかを確認するとともに，各勘定の残高（または合計額）を把握するために作成される。

　　試算表は帳簿外の手続きとして作成されるが，決算手続だけでなく，毎月末など必要に応じて営業手続の1つとしても作成される。

③ **財務諸表**

　　企業外部の利害関係者に一会計期間における経営成績を報告するために損益計算書を作成し，決算日現在の財政状態を報告するために貸借対照表を作成する。

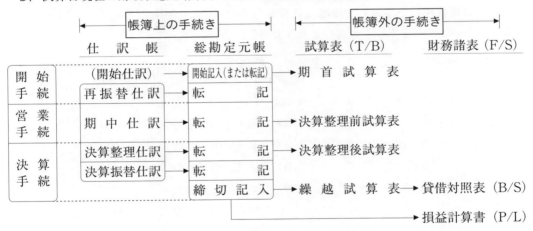

4. 英米式決算法と大陸式決算法

　　帳簿の記入方法には，英米式決算法と大陸式決算法の2つがある。

　　英米式決算法とは，資産・負債・純資産（資本）の諸勘定について，仕訳帳を経由しないで総勘定元帳を締め切る方法である。

　　それに対して，大陸式決算法とは，資産・負債・純資産（資本）の諸勘定について，仕訳帳を経由して総勘定元帳を締め切る方法である。

　　英米式決算法と大陸式決算法では，開始手続と決算手続に違いがある。本テキストでは，英米式決算法を中心に学習する。

2 英米式決算法

英米式決算法における簿記一巡の手続きについて，順を追って説明する。

1. 開始手続

(1) 開始記入

期首に，資産・負債・純資産（資本）の期首残高を，総勘定元帳の各勘定に直接「前期繰越」と記入する。これを開始記入という。

〈例〉前期末における資産・負債および純資産（資本）の各勘定の残高（一部）は，次のとおりであった。なお，決算日は毎年3月31日とする。

現金預金　4,800円　　買掛金　2,500円　　資本金5,000円

この場合の開始記入の例は次のようになる。

現 金 預 金	
4/1 前期繰越 4,800	

買 掛 金	
	4/1 前期繰越 2,500

資 本 金	
	4/1 前期繰越 5,000

(2) 期首試算表の作成

「前期繰越」記入が正しく行えたか否かを検証するため，資産・負債・純資産（資本）の各勘定の期首残高を集計して残高試算表を作成する。この残高試算表を期首試算表（期首 T/B）という。例をあげると次のとおりである。

期 首 試 算 表
×2年4月1日　　　　　　　　　（単位：円）

現 金 預 金	4,800	買 掛 金	2,500
売 掛 金	3,000	未 払 法 人 税 等	600
繰 越 商 品	1,000	未 払 販 売 費	100
前払一般管理費	200	貸 倒 引 当 金	60
備 品	1,000	減 価 償 却 累 計 額	300
		資 本 金	5,000
		利 益 準 備 金	700
		繰 越 利 益 剰 余 金	740
	10,000		10,000

(3) 再振替仕訳

　前期末に計上された経過勘定項目（前払費用・前受収益・未払費用・未収収益）について
は，開始記入に続いて前期末の決算整理仕訳の反対の仕訳を仕訳帳に行い，総勘定元帳へ転
記することにより，元々の費用・収益の勘定へ振り替える。これを再振替といい，このため
に行う仕訳を再振替仕訳という。

　仕訳のパターンを示すと次のようになる。

① 費用・収益の前払い・前受け（前払費用・前受収益）

② 費用・収益の未払い・未収（未払費用・未収収益）

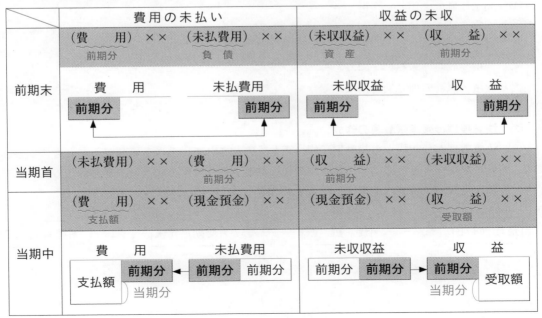

2. 営業手続

　期首に開始手続を行った後，期末に決算手続を行う前までの期中取引を仕訳帳に仕訳し，それを総勘定元帳の各勘定へ転記するという作業を繰り返し行う。

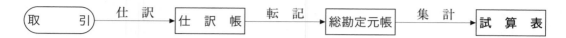

　なお，試算表は毎月末など一定時期に，残高試算表，合計試算表，合計残高試算表がその必要に応じて作成される。

3. 決算手続

(1) 決算整理前残高試算表の作成

　営業手続までの取引が仕訳帳から総勘定元帳へ正しく転記されているかを確認するとともに，各勘定の残高を把握するために，決算整理に先立って試算表を作成する。この決算整理直前の試算表を決算整理前残高試算表（整理前 T/B）という。

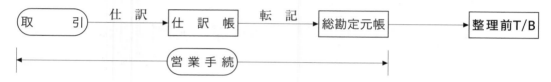

(2) 決算整理

　決算整理とは，適正な期間損益計算および財産の評価を行うための調整手続である。また，このために行う仕訳を決算整理仕訳という。

　　［決算整理の具体例］
① 　売上原価の算定
② 　固定資産の減価償却
③ 　貸倒引当金の設定
④ 　費用・収益の未払い・未収
⑤ 　費用・収益の前払い・前受け

(3) 決算整理後残高試算表の作成

　決算整理が仕訳帳から総勘定元帳へ正しく転記されているかを確認するとともに，各勘定の残高を把握するために，決算整理の後に試算表を作成する。この決算整理後の試算表を決算整理後残高試算表（整理後 T/B）という。

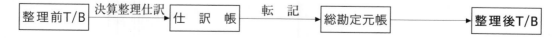

(4) 決算振替と帳簿の締切
① 収益・費用の損益勘定への振替え

　　当期純利益を算定するために，「損益」勘定を設けて，これに決算整理後の収益・費用の各勘定の残高を振り替えて集計する。

　　なお，「損益」勘定への転記にあたっては，「諸口」は用いず，相手勘定科目を個別に書く。また，この振替えにより，収益・費用の各勘定残高がゼロとなるため，その締切を行う。

② 当期純利益の純資産（資本）の勘定への振替え

　　「損益」勘定の貸方には収益が，借方には費用が集計されているので，その残高は当期純利益（または当期純損失）を表す。当期純利益は，純資産（資本）の正味増加額であるので，これを「繰越利益剰余金」勘定へ振り替える。

　　この振替えにより，「損益」勘定残高もゼロとなるため，その締切を行う。

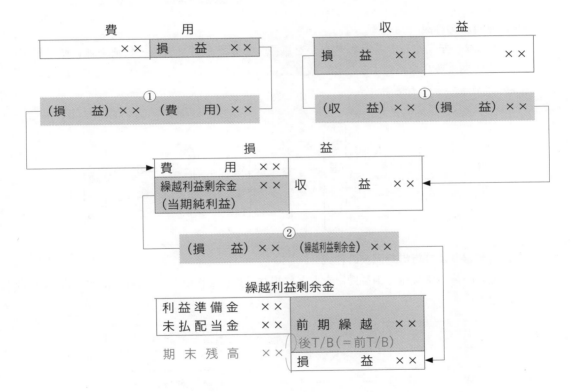

③ **資産・負債・純資産（資本）の勘定の締切**
　　資産・負債・純資産（資本）については，期末残高を各勘定に直接「次期繰越」と記入して締め切る。これを締切記入という。

(5) **繰越試算表の作成**
　　「次期繰越」記入が正しく行われたかを確認するとともに，資産・負債・純資産（資本）の各勘定の期末残高を把握するために残高試算表を作成する。この残高試算表を繰越試算表（繰越T/B）という。

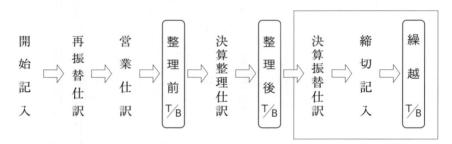

(6) **損益計算書および貸借対照表の作成**
　　すべての帳簿の締切後，損益勘定をもとに損益計算書を作成し，繰越試算表をもとに貸借対照表を作成する。

設例 1-1

次の資料により，以下の問に答えなさい。なお，会計期間は1年，決算日は3月31日であり，当期は×2年4月1日から×3年3月31日までである。

問1 決算整理前残高試算表を作成しなさい。

問2 決算整理後残高試算表を作成しなさい。

問3 損益勘定および繰越利益剰余金勘定を締め切るとともに，繰越試算表を作成しなさい。

問4 損益計算書および貸借対照表を作成しなさい。

（資料1）期首試算表

期 首 試 算 表
×2年4月1日　　　　　　　　（単位：円）

現 金 預 金	4,800	買 掛 金	2,500
売 掛 金	3,000	未 払 法 人 税 等	600
繰 越 商 品	1,000	未 払 販 売 費	100
前 払 一 般 管 理 費	200	貸 倒 引 当 金	60
備 品	1,000	減 価 償 却 累 計 額	300
		資 本 金	5,000
		利 益 準 備 金	700
		繰 越 利 益 剰 余 金	740
	10,000		10,000

（資料2）期中取引

(1) 法人税等の確定申告を行い，未払法人税等600円を現金で納付した。

(2) ×2年6月25日に定時株主総会の決議により，利益準備金の積立て30円および配当金300円の支払いが決定した。

(3) (2)の配当金300円を現金で支払った。

(4) 商品4,000円を掛けで仕入れた。

(5) 商品5,000円を掛けで売り上げた。

(6) 買掛金3,600円を現金で支払った。

(7) 売掛金4,000円を現金で受け取った。

(8) 販売費370円を現金で支払った。

(9) 一般管理費400円を現金で支払った。

（資料3）決算整理事項

(1) 期末商品棚卸高2,000円

(2) 売掛金の期末残高に対して2％の貸倒引当金を差額補充法により設定する。

(3) 備品は定額法（耐用年数10年，残存価額ゼロ）により減価償却する。

(4) 経過勘定項目

① 前払一般管理費120円

② 未払販売費130円

(5) 課税所得1,000円に対して30％の法人税等を計上する。

問1　決算整理前残高試算表

【解　答】

決算整理前残高試算表

×3年3月31日　　　（単位：円）

現　金　預　金	3,530	買　　掛　　金	2,900
売　　掛　　金	4,000	貸 倒 引 当 金	60
繰　越　商　品	1,000	減価償却累計額	300
備　　　　　品	1,000	資　　本　　金	5,000
仕　　　　　入	4,000	利 益 準 備 金	730
販　　売　　費	270	繰越利益剰余金	410
一 般 管 理 費	600	売　　　　　上	5,000
	14,400		14,400

【解　説】

1．開始手続（×2年4月1日）⇨再振替仕訳

（一 般 管 理 費）	200	（前払一般管理費）	200
（未 払 販 売 費）	100	（販　　売　　費）	100

（注）未払法人税等は，経過勘定ではないため，再振替仕訳は行わない。

2．営業手続（×2年4月1日～×3年3月31日）⇨営業（期中）仕訳

(1)	（未 払 法 人 税 等）	600	（現　金　預　金）	600
(2)	（繰越利益剰余金）	330	（利 益 準 備 金）	30
			（未 払 配 当 金）	300
(3)	（未 払 配 当 金）	300	（現　金　預　金）	300
(4)	（仕　　　　　入）	4,000	（買　　掛　　金）	4,000
(5)	（売　　掛　　金）	5,000	（売　　　　　上）	5,000
(6)	（買　　掛　　金）	3,600	（現　金　預　金）	3,600
(7)	（現　金　預　金）	4,000	（売　　掛　　金）	4,000
(8)	（販　　売　　費）	370	（現　金　預　金）	370
(9)	（一 般 管 理 費）	400	（現　金　預　金）	400

現 金 預 金

4/1前期繰越4,800	(1)未払法人税等 600
	(3)未払配当金 300
	(6)買 掛 金3,600
(7)売 掛 金4,000	(8)販 売 費 370
	(9)一般管理費 400
	整理前T/B3,530

売 掛 金

4/1前期繰越3,000	(7)現金預金4,000
(5)売 上5,000	整理前T/B4,000

繰 越 商 品

4/1前期繰越1,000	整理前T/B

前払一般管理費

4/1前期繰越 200	4/1一般管理費 200

備 品

4/1前期繰越1,000	整理前T/B

仕 入

(4)買 掛 金4,000	整理前T/B

販 売 費

(8)現金預金 370	4/1未払販売費 100
	整理前T/B 270

一 般 管 理 費

4/1前払一般管理費 200	整理前T/B 600
(9)現金預金 400	

買 掛 金

(6)現金預金3,600	4/1前期繰越2,500
整理前T/B2,900	(4)仕 入4,000

未 払 法 人 税 等

(1)現金預金 600	4/1前期繰越 600

未 払 販 売 費

4/1販 売 費 100	4/1前期繰越 100

貸 倒 引 当 金

整理前T/B	4/1前期繰越 60

減価償却累計額

整理前T/B	4/1前期繰越 300

資 本 金

整理前T/B	4/1前期繰越5,000

利 益 準 備 金

整理前T/B 730	4/1前期繰越 700
	(2)繰越利益剰余金 30

繰越利益剰余金

(2)利益準備金 30	4/1前期繰越 740
(2)未払配当金 300	
整理前T/B 410	

未 払 配 当 金

(3)現金預金 300	(2)繰越利益剰余金 300

売 上

整理前T/B	(5)売 掛 金5,000

11

問2　決算整理後残高試算表

【解　答】

決算整理後残高試算表
×3年3月31日　　　　　　　（単位：円）

現 金 預 金	3,530	買 掛 金	2,900
売 掛 金	4,000	未 払 法 人 税 等	300
繰 越 商 品	2,000	未 払 販 売 費	130
前 払 一般管理費	120	貸 倒 引 当 金	80
備 品	1,000	減 価 償 却 累 計 額	400
仕 入	3,000	資 本 金	5,000
販 売 費	400	利 益 準 備 金	730
一 般 管 理 費	480	繰 越 利 益 剰 余 金	410
貸倒引当金繰入	20	売 上	5,000
減 価 償 却 費	100		
法 人 税 等	300		
	14,950		14,950

【解　説】

(1)　**売上原価の算定**（仕入勘定で算定）

（仕　　　　入）	1,000	（繰 越 商 品）	1,000
（繰 越 商 品）	2,000	（仕　　　　入）	2,000

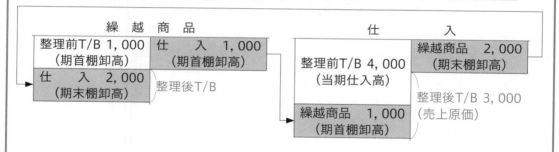

```
繰 越 商 品
整理前T/B 1,000   仕   入  1,000
（期首棚卸高）     （期首棚卸高）
仕   入  2,000
（期末棚卸高）     整理後T/B

仕 入
                  繰越商品  2,000
                  （期末棚卸高）
整理前T/B 4,000
（当期仕入高）
                  整理後T/B 3,000
繰越商品  1,000   （売上原価）
（期首棚卸高）
```

(2)　**貸倒引当金の設定**（差額補充法）

（貸倒引当金繰入）（＊）	20	（貸 倒 引 当 金）	20

（＊）　4,000円〈売掛金〉× 2 ％ = 80円〈設定額〉
　　　　80円〈設定額〉- 60円〈貸倒引当金の整理前残高〉= 20円〈繰入額〉

```
貸倒引当金繰入
貸倒引当金  20 整理後T/B

貸 倒 引 当 金
                 整理前T/B   60
整理後T/B  80    貸倒引当金繰入  20
```

(3) 減価償却費の計上（定額法）

（減 価 償 却 費）（＊）	100	（減価償却累計額）	100

（＊）1,000円〈備品〉÷10年＝100円〈減価償却費〉

減 価 償 却 費		減価償却累計額	
減価償却累計額　100	整理後T/B	整理後T/B 400	整理前T/B　300 減価償却費　100

(4) 費用の前払い・未払い

（前払一般管理費）	120	（一 般 管 理 費）	120
（販　　売　　費）	130	（未 払 販 売 費）	130

一 般 管 理 費		前払一般管理費	
整理前T/B　600	前払一般管理費　120 整理後T/B　480	一般管理費　120	整理後T/B

販　　売　　費		未 払 販 売 費	
整理前T/B　270 未払販売費　130	整理後T/B　400	整理後T/B	販 売 費　130

(5) 法人税等の計上

（法 人 税 等）（＊）	300	（未 払 法 人 税 等）	300

（＊）1,000円〈課税所得〉×30％＝300円

法 人 税 等		未 払 法 人 税 等	
未払法人税等　300	整理後T/B	整理後T/B	法 人 税 等　300

問3　損益勘定および繰越利益剰余金勘定と繰越試算表

【解　答】

```
                          損              益
  3/31仕        入    3,000   3/31売        上    5,000
    〃 販   売   費     400
    〃 一 般 管 理 費    480
    〃 貸倒引当金繰入      20
    〃 減 価 償 却 費     100
    〃 法 人 税 等       300
    〃 繰越利益剰余金     700
                       5,000                     5,000
```

```
                      繰越利益剰余金
  6/25利 益 準 備 金     30   4/1前 期 繰 越      740
    〃 未 払 配 当 金    300   3/31損        益    700
  3/31次 期 繰 越     1,110
                     1,440                     1,440
```

```
                  繰 越 試 算 表
                   ×3年3月31日            (単位：円)
  現 金 預 金    3,530   買   掛   金     2,900
  売   掛   金    4,000   未 払 法 人 税 等     300
  繰 越 商 品    2,000   未 払 販 売 費     130
  前払一般管理費      120   貸 倒 引 当 金      80
  備       品    1,000   減価償却累計額     400
                         資   本   金    5,000
                         利 益 準 備 金     730
                         繰越利益剰余金   1,110
                10,650                    10,650
```

【解　説】

(1)　収益の損益勘定への振替え

（売	上）	5,000	（損	益）	5,000

14

(2) 費用の損益勘定への振替え

(損　　　　　益)	4,400	(仕　　　　　入)	3,000
		(販　売　費)	400
		(一 般 管 理 費)	480
		(貸倒引当金繰入)	20
		(減 価 償 却 費)	100
		(法 人 税 等)	300

(3) 当期純利益の繰越利益剰余金勘定への振替え

(損　　　　　益)	700	(繰越利益剰余金)	700

【参　考】大陸式決算法の場合

　大陸式決算法では，帳簿の締切にあたって，資産・負債・純資産（資本）の各科目の残高を決算振替仕訳を行い「決算残高」勘定へ振り替える。この結果，資産・負債・純資産（資本）の各科目の残高が，「決算残高」勘定に記入されるために「繰越試算表」を作成する必要がない。

(1) 収益の損益勘定への振替え⇨英米式決算法と同じ

(売　　　　　上)	5,000	(損　　　　　益)	5,000

(2) 費用の損益勘定への振替え⇨英米式決算法と同じ

(損　　　　　益)	4,400	(仕　　　　　入)	3,000
		(販　売　費)	400
		(一 般 管 理 費)	480
		(貸倒引当金繰入)	20
		(減 価 償 却 費)	100
		(法 人 税 等)	300

(3) 当期純利益の繰越利益剰余金勘定への振替え⇨英米式決算法と同じ

(損　　　　　益)	700	(繰越利益剰余金)	700

(4) 資産・負債・純資産（資本）の決算残高勘定への振替え⇨英米式決算法と異なる

① 資産の決算残高勘定への振替え

(決 算 残 高)	10,650	(現 金 預 金)	3,530
		(売 掛 金)	4,000
		(繰 越 商 品)	2,000
		(前払一般管理費)	120
		(備　　　品)	1,000

② 負債・純資産（資本）の決算残高勘定への振替え（評価勘定を含む）

（買　　掛　　金）	2,900	（決　算　残　高）	10,650
（未払法人税等）	300		
（未　払　販　売　費）	130		
（貸　倒　引　当　金）	80		
（減価償却累計額）	400		
（資　　本　　金）	5,000		
（利　益　準　備　金）	730		
（繰越利益剰余金）	1,110		

⑸　勘定記入

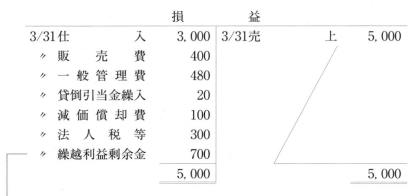

損　　　　益

3/31仕　　　　　入	3,000	3/31売　　　　上	5,000
〃 販　売　費	400		
〃 一　般　管　理　費	480		
〃 貸倒引当金繰入	20		
〃 減　価　償　却　費	100		
〃 法　人　税　等	300		
〃 繰越利益剰余金	700		
	5,000		5,000

繰越利益剰余金

6/25利　益　準　備　金	30	4/1 前　期　繰　越	740
〃 未　払　配　当　金	300	3/31損　　　　益	700
3/31決　算　残　高	1,110		
	1,440		1,440

決　算　残　高

3/31現　金　預　金	3,530	3/31買　　掛　　金	2,900
〃 売　　掛　　金	4,000	〃 未払法人税等	300
〃 繰　越　商　品	2,000	〃 未　払　販　売　費	130
〃 前払一般管理費	120	〃 貸　倒　引　当　金	80
〃 備　　　　品	1,000	〃 減価償却累計額	400
		〃 資　　本　　金	5,000
		〃 利　益　準　備　金	730
		〃 繰越利益剰余金	1,110
	10,650		10,650

問4　損益計算書および貸借対照表

【解　答】

損　益　計　算　書

自×2年4月1日　至×3年3月31日　（単位：円）

Ⅰ　売　上　高		5,000
Ⅱ　売　上　原　価		
1．期首商品棚卸高	1,000	
2．当期商品仕入高	4,000	
合　　計	5,000	
3．期末商品棚卸高	2,000	3,000
売上総利益		2,000
Ⅲ　販売費及び一般管理費		
1．販　売　費	400	
2．一　般　管　理　費	480	
3．貸倒引当金繰入	20	
4．減　価　償　却　費	100	1,000
税引前当期純利益		1,000
法人税, 住民税及び事業税		300
当　期　純　利　益		700

貸　借　対　照　表

×3年3月31日現在　　　　　　　（単位：円）

現　金　預　金	3,530	買　　掛　　金	2,900
売　　掛　　金	4,000	未払法人税等	300
貸　倒　引　当　金	△80	未　払　販　売　費	130
商　　　　品	2,000	資　　本　　金	5,000
前払一般管理費	120	利　益　準　備　金	730
備　　　　品	1,000	繰越利益剰余金	1,110
減価償却累計額	△400		
	10,170		10,170

参考 損益計算書の一般的な様式

報告式による損益計算書の一般的な様式は，次のとおりである。

損 益 計 算 書

○○○株式会社　自×2年4月1日　至×3年3月31日　　　　（単位：円）

Ⅰ	売　　上　　高		1,000,000
Ⅱ	売　上　原　価（注1）		
	1．期首商品棚卸高	200,000	
	2．当期商品仕入高	530,000	
	合　　　計	730,000	
	3．期末商品棚卸高	180,000	550,000
	売　上　総　利　益		450,000
Ⅲ	販売費及び一般管理費		
	1．給　料　手　当	120,000	
	2．販　売　手　数　料	53,500	
	3．貸倒引当金繰入	10,000	
	4．租　税　公　課	13,000	
	5．減　価　償　却　費	38,000	
	6．雑　　　　　費	20,500	255,000
	営　業　利　益		195,000
Ⅳ	営　業　外　収　益（注2）		
	1．受　取　利　息　配　当　金	14,000	
	2．仕　入　割　引	3,500	17,500
Ⅴ	営　業　外　費　用（注2）		
	1．支　払　利　息	21,000	
	2．為　替　差　損	4,000	25,000
	経　常　利　益		187,500
Ⅵ	特　別　利　益（注3）		
	1．社　債　償　還　益		12,500
Ⅶ	特　別　損　失（注3）		
	1．固　定　資　産　売　却　損		40,000
	税　引　前　当　期　純　利　益		160,000
	法人税，住民税及び事業税	55,000	
	法　人　税　等　調　整　額	△3,000	52,000
	当　期　純　利　益		108,000

（注1）売上原価には，「期首商品棚卸高」，「当期商品仕入高」，「期末商品棚卸高」などの内訳を示して表示する。また，「商品評価損」，「棚卸減耗損」などを記載することもある。

（注2）営業外収益および営業外費用には，「受取利息」，「仕入割引」，「支払利息」など主に財務上の取引から生じた損益を記載する。

（注3）特別利益および特別損失には，「固定資産売却損」などの臨時損益を記載する。

　簿記検定1級の試験で出題される主な収益・費用の科目および表示区分は，次のとおりである。あくまでも一般例であり，条件により異なる区分に表示することもある。また，異なる科目を使用することもある。なお，**太字**の科目は，3・2級で学習済みの科目であり，1級でもよく使われる科目である。

販売費及び一般管理費	
積送諸掛 **支払リース料** **研究開発費** **貸倒引当金繰入**(営業債権に対するもの) **貸倒損失**(営業債権に対するもの) **減価償却費** **ソフトウェア償却** **のれん償却額** **退職給付費用**	

営業外費用	営業外収益
支払利息 社債利息 社債発行費償却 **手形売却損** 有価証券売却損(有価証券運用損) 有価証券評価損(有価証券運用損) 投資有価証券評価損 為替差損 貸倒引当金繰入(営業外債権に対するもの) 貸倒損失(営業外債権に対するもの) **雑損**(雑損失)	**受取利息配当金** **有価証券利息** 仕入割引 有価証券売却益(有価証券運用益) 有価証券評価益(有価証券運用益) 投資有価証券評価益 **為替差益** 貸倒引当金戻入 償却債権取立益 **雑益**(雑収入)

特別損失	特別利益
固定資産売却損 **火災損失** **固定資産圧縮損** 減損損失 **投資有価証券売却損** **関係会社株式売却損** 関係会社株式評価損 新株予約権未行使損 社債償還損 貸倒引当金繰入(臨時で巨額なもの)	**固定資産売却益** **保険差益** **国庫補助金受贈益** 投資有価証券売却益 関係会社株式売却益 新株予約権戻入益 社債償還益 **負ののれん発生益**

勘定式による貸借対照表の一般的な様式は，次のとおりである。

貸 借 対 照 表

○○○株式会社　　　　　　　×3年3月31日現在　　　　　　　（単位：円）

資　産　の　部			負　債　の　部		
I　流　動　資　産（注）			I　流　動　負　債（注）		
現　金　預　金		130,000	支　払　手　形		300,000
受　取　手　形	300,000		買　　掛　　金		180,000
貸　倒　引　当　金	△6,000	294,000	短　期　借　入　金		80,000
売　　掛　　金	200,000		未　　払　　金		10,000
貸　倒　引　当　金	△4,000	196,000	未　払　法　人　税　等		64,000
有　価　証　券		78,000	未　払　消　費　税		10,000
商　　　　　品		180,000	未　払　費　用		30,000
前　払　費　用		10,000	前　受　収　益		10,000
為　替　予　約		20,000	流　動　負　債　合　計		684,000
未　収　収　益		62,000	II　固　定　負　債（注）		
短　期　貸　付　金		40,000	社　　　　　債		400,000
流　動　資　産　合　計		1,010,000	長　期　借　入　金		170,000
II　固　定　資　産（注）			退　職　給　付　引　当　金		80,000
1．有　形　固　定　資　産			固　定　負　債　合　計		650,000
建　　　　　物	300,000		負　　債　　合　　計		1,334,000
減価償却累計額	△60,000	240,000	純　資　産　の　部		
備　　　　　品	80,000		I　株　主　資　本		
減価償却累計額	△16,000	64,000	1．資　　本　　金		300,000
土　　　　　地		400,000	2．資　本　剰　余　金		
建　設　仮　勘　定		76,000	（1）資　本　準　備　金		20,000
有　形　固　定　資　産　合　計		780,000	（2）その他資本剰余金		10,000
2．無　形　固　定　資　産			資　本　剰　余　金　合　計		30,000
の　　れ　　ん		45,000	3．利　益　剰　余　金		
無　形　固　定　資　産　合　計		45,000	（1）利　益　準　備　金		20,000
3．投　資　そ　の　他　の　資　産			（2）その他利益剰余金		
投　資　有　価　証　券		42,000	別　途　積　立　金	70,000	
子　会　社　株　式		40,000	繰越利益剰余金	210,000	280,000
長　期　定　期　預　金		50,000	利　益　剰　余　金　合　計		300,000
長　期　前　払　費　用		4,000	4．自　己　株　式		△5,000
長　期　貸　付　金		10,000	株　主　資　本　合　計		625,000
繰　延　税　金　資　産		3,000	II　評価・換算差額等		
投　資　そ　の　他　の　資　産　合　計		149,000	1．その他有価証券評価差額金		7,000
固　定　資　産　合　計		974,000	2．繰延ヘッジ損益		14,000
III　繰　延　資　産			評価・換算差額等合計		21,000
社　債　発　行　費		16,000	III　新　株　予　約　権		20,000
繰　延　資　産　合　計		16,000	純　資　産　合　計		666,000
資　　産　　合　　計		2,000,000	負債・純資産合計		2,000,000

（注）資産および負債は，「正常営業循環基準」，「一年基準」などの基準により，それぞれ流動・固定に分類
　　　して記載する。

1．正常営業循環基準

　　　正常営業循環基準とは，企業の主目的たる営業活動の循環過程（営業サイクル）から生じた資産およ
　　び負債は，すべて流動資産または流動負債に属するものとする基準である。

　　　ここでいう，主目的たる営業活動の循環過程とは，現金から始まり，仕入活動，製造活動により棚卸
　　資産を取得し，販売活動により再び現金化されるまでの一連の過程をいう。

　　　正常営業循環基準により，流動資産または流動負債に属する資産および負債には，「現金」，商品など
　　の「棚卸資産」，売掛金・買掛金などの「営業上の債権・債務」がある。

2．一年基準

　　　一年基準とは，貸借対照表日（決算日）の翌日から起算して1年以内（翌決算日まで）になくなる予
　　定のものは，流動資産または流動負債に属するものとし，1年を超えてなくなる予定のものは，固定資
　　産または固定負債に属するものとする基準である。正常営業循環基準により流動資産または流動負債に
　　分類されなかった資産または負債は，一年基準により流動・固定に分類される。

　　　一年基準により，流動・固定に分類される資産および負債には，定期預金など「期日の定めのある預
　　金」，貸付金や借入金などの「営業外の債権・債務」などがある。

3．その他の基準

　　　「正常営業循環基準」および「一年基準」のほかにも，科目の性質，所有目的などの条件により，流
　　動・固定に分類されるものもある。

　　〈例〉有形固定資産…長期間にわたって使用する目的で所有するため，固定資産に属する。

　　　　　有　価　証　券…売買目的有価証券は，短期的に売買を繰り返すため，流動資産に属する。

　　　　　　　　　　　　　子会社株式は，支配目的で所有しているため，固定資産に属する。

簿記検定１級の試験で出題される主な資産・負債の科目および表示区分は，次のとおりである。あくまでも一般例であり，条件により異なる区分に表示することもある。また，異なる科目を使用することもある。なお，**太字**の科目は，３・２級で学習済みの科目であり，１級でもよく使われる科目である。

流動資産	流動負債
現金預金 **受取手形** **売掛金**（積送未収金なども含む） リース債権 リース投資資産 **有価証券** **商品** **貯蔵品** **前払費用** **未収収益** **短期貸付金** **未収入金** 為替予約 金利スワップ	**支払手形** **買掛金** 一年以内償還社債 **短期借入金** **リース債務**（短期リース債務） **未払金** **未払費用** **未払法人税等** **未払消費税** **預り金** **前受収益** 修繕引当金 為替予約 金利スワップ
固定資産	固定負債
１．有形固定資産 　　**建物** 　　**機械** 　　**車両** 　　**備品** 　　**土地** 　　**リース資産** ２．無形固定資産 　　**のれん** 　　鉱業権 　　**ソフトウェア** 　　ソフトウェア仮勘定 　　リース資産 ３．投資その他の資産 　　**投資有価証券** 　　**関係会社株式** 　　**長期貸付金** 　　破産更生債権等 　　**繰延税金資産** 　　**長期前払費用** 　　投資不動産	社債 **長期借入金** **リース債務**（長期リース債務） 長期前受収益 **繰延税金負債** **退職給付引当金** 資産除去債務
繰延資産	
創立費 開業費 株式交付費 社債発行費 開発費	

〈例１〉 期首商品棚卸高200円，当期商品仕入高1,000円，期末商品帳簿棚卸高300円，期末商品実地棚卸高280円（原価），期末商品実地棚卸高（正味売却価額）250円。なお，売上原価は仕入勘定で計算する。また，棚卸減耗損および商品評価損は，仕入勘定へ振り替えなくてよい。

(1) 売上原価の計算

| （仕　　　　　入） | 200 | （繰　越　商　品） | 200 |
| （繰　越　商　品） | 300 | （仕　　　　　入） | 300 |

(2) 期末商品の評価

| （棚　卸　減　耗　損） | 20 | （繰　越　商　品） | 50 |
| （商　品　評　価　損） | 30 | | |

〈例２〉 期末に現金の帳簿残高1,000円と実際有高1,100円との差異の原因を調査したところ，売掛金の回収高150円が未処理であることが判明したが，残額については不明である。

| （現　　　　　金） | 100 | （売　　掛　　金） | 150 |
| （雑　　　　　損） | 50 | | |

〈例３〉 期末に現金の帳簿残高1,000円と実際有高900円との差異の原因を調査したところ，販売費の支払高150円が未処理であることが判明したが，残額については不明である。

| （販　　売　　費） | 150 | （現　　　　　金） | 100 |
| | | （雑　　　　　益） | 50 |

〈例４〉 期末に当座預金の帳簿残高1,000円と銀行残高証明書残高900円の差異の原因を調査したところ，銀行の営業時間外の預入れ150円と買掛金支払のために振り出した小切手50円が未渡しであることが判明した。

| （当　座　預　金） | 50 | （買　　掛　　金） | 50 |

(注) 時間外預入は銀行側の残高を調整するため「仕訳不要」である。

〈例５〉 売掛金の期末残高10,000円に対して２％の貸倒引当金を差額補充法により設定する。なお，貸倒引当金の決算整理前残高は150円であった。

| （貸倒引当金繰入） | 50 | （貸　倒　引　当　金） | 50 |

〈例６〉 期末に保有する売買目的有価証券の帳簿価額は1,000円，時価は1,100円であった。

| （有　価　証　券） | 100 | （有価証券運用益） | 100 |

〈例７〉 期末に保有する売買目的有価証券の帳簿価額は1,000円，時価は900円であった。

| （有価証券運用損） | 100 | （有　価　証　券） | 100 |

〈例8〉 当期首に9,500円で取得した満期保有目的債券（額面金額10,000円，取得から5年後に償還）について，償却原価法（定額法）を適用する。

（満期保有目的債券）	100	（有価証券利息）	100

〈例9〉 期末に保有するその他有価証券の帳簿価額は1,000円，時価は1,100円であった。なお，税効果会計は考慮しない。

（その他有価証券）	100	（その他有価証券評価差額金）	100

〈例10〉 期末に保有するその他有価証券の帳簿価額は1,000円，時価は900円であった。なお，税効果会計は考慮しない。

（その他有価証券評価差額金）	100	（その他有価証券）	100

〈例11〉 当期首に取得した備品10,000円を定額法（残存価額ゼロ，耐用年数10年）により減価償却する。なお，記帳方法は間接法とする。

（減価償却費）	1,000	（減価償却累計額）	1,000

〈例12〉 退職給付引当金の決算整理前残高は900円，当期末に必要な退職給付引当金の設定額は1,000円である。

（退職給付費用）	100	（退職給付引当金）	100

〈例13〉 当期首に取得した自社利用目的のソフトウェア6,000円を定額法（利用可能期間3年）により償却する。

（ソフトウェア償却）	2,000	（ソフトウェア）	2,000

〈例14〉 当期中に支払った2年分の保険料2,400円のうち当期末までに経過した期間は6か月であり，未経過期間分を前払費用として繰り延べる。

（前払費用）	1,200	（支払保険料）	1,800
（長期前払費用）	600		

〈例15〉 受取利息のうち未経過期間分200円を前受収益として繰り延べる。

（受取利息）	200	（前受収益）	200

〈例16〉 借入金に対する経過期間の利息200円を未払費用として見越計上する。

（支払利息）	200	（未払費用）	200

〈例17〉 定期預金に対する経過期間の利息200円を未収収益として見越計上する。

（未収収益）	200	（受取利息）	200

〈例18〉 当期における消費税の仮受高は1,200円，消費税の仮払高は1,000円であり，仮受高と仮払
高の差額を未払消費税とする。なお，税抜方式で処理している。

| （仮 受 消 費 税） | 1,200 | （仮 払 消 費 税） | 1,000 |
| | | （未 払 消 費 税） | 200 |

〈例19〉 課税所得1,000円に対して30%の法人税等を計上する。ただし，仮払法人税等100円がある。

| （法 人 税 等） | 300 | （仮 払 法 人 税 等） | 100 |
| | | （未 払 法 人 税 等） | 200 |

参考 月次決算

　企業は1会計期間（通常1年）における経営成績等を明らかにするため，会計期間の期末（決算
日）において，減価償却費の計上，引当金の計上，経過勘定項目（未払費用，未収収益，前払費用，
前受収益）などの決算整理を行わなければならない。ただし，近年では，経営管理目的などから，1
か月ごとの損益（月次損益）を把握するために，これらの決算整理を毎月末に行うことが広く行われ
ている。毎月末に行う決算手続きを「月次決算」といい，本来の会計期間末に行う決算手続きを「年
度決算」という。ここでは，「月次決算」を行うさいに特徴的な減価償却費の計上，引当金の計上，
経過勘定項目（未払費用，未収収益，前払費用，前受収益）について学習する。

1．減価償却費の計上

　月次決算を行う場合には，減価償却費は，期首に見積った1年分の減価償却費を12等分した1か月
あたりの金額を毎月計上していく。その後，年度決算において，実際の1年分の金額との間に差異が
あった場合には，年度決算において調整する。

〈例〉 期首において当期1年分の減価償却費を見積ったところ12,000円であった。よって，月次決
算において毎月1,000円の減価償却費を計上する。

　　　期末において当期1年分の減価償却費を計算したところ12,500円であった。よって，不足額
500円の減価償却費を計上する。

(1) 月次決算（毎月末に12回行う）

| （減 価 償 却 費） | 1,000 | （減価償却累計額） | 1,000 |

(2) 年度決算（不足額の処理）

| （減 価 償 却 費） | 500 | （減価償却累計額） | 500 |

２．引当金の計上

　月次決算を行う場合には，退職給付引当金のように長期にわたって設定される引当金については，期首に見積った１年分の引当金繰入額を12等分した１か月あたりの金額を毎月計上していく。その後，年度決算において，実際の１年分の金額との間に差異があった場合には，年度決算において調整する。なお，退職給付費用について差異が生じた場合には，特別な処理が規定されているので，それに従う（テキストⅡで詳しく学習する）。

〈例〉期首において当期１年分の退職給付費用を見積ったところ12,000円であった。よって，月次決算において毎月1,000円の退職給付費用を計上する。

　　　期末において当期１年分の退職給付費用を計算したところ12,500円であった。よって，不足額500円の退職給付費用を計上する。

(1) 月次決算（毎月末に12回行う）

（退 職 給 付 費 用）	1,000	（退 職 給 付 引 当 金）	1,000

(2) 年度決算（不足額の処理）

（退 職 給 付 費 用）	500	（退 職 給 付 引 当 金）	500

３．経過勘定項目

　収益・費用の見越し・繰延べにより計上される経過勘定項目（未収収益，未払費用，前受収益，前払費用）については，年度決算を前提とした記帳方法では，期末に計上し，翌期首に再振替仕訳を行うことが一般的である。しかし，月次決算を行う場合には，その他の記帳方法もあるので注意すること。

(1) 収益・費用の未収・未払い

　月次決算を行っている場合には，収益の未収または費用の未払いを月次決算において経過期間分を「未収収益」または「未払費用」として見越計上する。ただし，翌月初には再振替仕訳を行わずに，受取時または支払時に「未収収益」または「未払費用」を取り消すことが一般的である。

〈例〉当社の決算日は毎年３月31日である。

　　　当期の９月１日に事務所用建物を賃借した。

　　　１年分の家賃は12,000円（月額1,000円）であり，１年後に現金で後払いする。

① **賃借時**（９月１日）

仕 訳 な し

② **月次決算**（９月末から３月末までに７回行う）

（支 払 家 賃）	1,000	（未 払 家 賃）	1,000

　　∴　P／L支払家賃　7,000円 ← 1,000円×７か月
　　　　B／S未払家賃　7,000円 ← 1,000円×７か月

③ **月次決算**（4月末から7月末までに4回行う）

（支　払　家　賃）	1,000	（未　払　家　賃）	1,000

④ **支払時**（8月末日）

8月分は未払費用を計上せずに，直接，支払家賃で処理しておく。

（支　払　家　賃）	1,000	（現　　　　　金）	12,000
（未　払　家　賃）	11,000		

(2)　収益・費用の前受け・前払い

　　月次決算を行っている場合には，受取時または支払時に「前受収益」または「前払費用」を計上し，月次決算において経過期間分を「収益」または「費用」に振り替える処理が一般的である。

〈例〉当社の決算日は毎年3月31日である。

　　当期の9月1日に1年分の保険料12,000円（月額1,000円）を現金で前払いした。

① **支払時**（9月1日）

（前　払　保　険　料）	12,000	（現　　　　　金）	12,000

② **月次決算**（9月末から3月末までに7回行う）

（支　払　保　険　料）	1,000	（前　払　保　険　料）	1,000

∴　P／L支払保険料　7,000円 ← 1,000円×7か月

　　B／S前払保険料　5,000円 ← 12,000円－7,000円

③ **月次決算**（4月末から8月末までに5回行う）

（支　払　保　険　料）	1,000	（前　払　保　険　料）	1,000

財務諸表の種類

簿記検定2級の試験では，個々の企業が，一会計期間（通常1年）ごとに作成する財務諸表について学習してきたが，財務諸表は，作成主体の違い，作成期間の違いにより，いくつかの種類に分類される。

1．作成主体による分類

作 成 主 体	財務諸表の種類
個 々 の 企 業	財務諸表（個別財務諸表）
企 業 集 団	連結財務諸表

（注）連結財務諸表とは，親会社，子会社などの支配従属関係にある企業をまとめて一つの企業集団（企業グループ）とし，企業集団を作成主体として作成した企業集団全体の財務諸表のことをいい，上場企業などの有価証券報告書提出会社は，原則として連結財務諸表を作成しなければならない。連結財務諸表の作成については，「テキストⅢ」で詳しく学習する。

2．作成期間による分類

作 成 期 間	財務諸表の種類
会計期間（通常1年）	財務諸表（決算財務諸表，年度財務諸表）
中間会計期間（上半期＝半年）	中間財務諸表
四半期会計期間（3か月）	四半期財務諸表

（注1）中間財務諸表とは，会計期間が1年の会社が，中間会計期間（上半期＝半年）において作成する財務諸表のことをいい，非上場の有価証券報告書提出会社（非上場の大規模会社）は，中間財務諸表を作成しなければならない。

（注2）四半期財務諸表とは，会計期間を4等分した四半期（3か月）ごとに作成する財務諸表のことをいい，上場会社は，四半期財務諸表を作成しなければならない。

3．作成主体と作成期間の組み合わせ

	個 々 の 企 業 （個別財務諸表）	企 業 集 団 （連結財務諸表）
会計期間（通常1年）	財 務 諸 表	連 結 財 務 諸 表
中間会計期間（上半期＝半年）	中 間 財 務 諸 表	中 間 連 結 財 務 諸 表
四半期会計期間（3か月）	四 半 期 財 務 諸 表	四 半 期 連 結 財 務 諸 表

（注）このうち簿記検定1級の試験では「財務諸表」と「連結財務諸表」が重要であり，「テキストⅠ・Ⅱ」では，「財務諸表」を中心に学習し，「テキストⅢ」では，「連結財務諸表」を中心に学習する。

3 会計学総論

　「会計」とは，経済主体の経済活動を測定，記録，報告する手続きのことである。「会計」には，対象となる経済主体が，どのような方法で，どんな情報を提供するかにより，さまざまに分類されることがあるが，簿記検定1級の試験でいう「会計学」では，企業が財務諸表の作成をとおして，企業の利害関係者（株主などの投資家，銀行などの債権者，税務署などの国・地方公共団体，取締役などの経営者など）に対して，企業の財政状態，経営成績などの財務内容を報告するための「財務会計」を前提としている。なお，「財務会計」を前提とした「会計学」を「財務諸表論」ということもある。

　ここでは，財務会計を行ううえで守るべきルールについて紹介する。

　（注）企業を対象とした「企業会計」は，外部報告目的の「財務会計」と内部報告（管理）目的の「管理会計」に分類することができる。ただし，会計原則および会計基準の中では，「企業会計」という言葉が広く使われているため，以降，本テキストでは，「財務会計」という意味で「企業会計」という言葉を使用している。また，特に断りのある場合を除き，企業＝株式会社とする。

補足　財務会計の機能

　財務会計の機能には，大きく次の2つがあげられる。

　(1) 情報提供機能
　(2) 利害調整機能

(1) 情報提供機能

　情報提供機能とは，投資者（株主などの投資家や債権者）の意思決定に有用な情報を提供する機能をいう。

　（注）今日，企業の活動に必要な資金の多くは，投資者により成立する証券市場から調達されており，証券市場が円滑に機能することが重要になっている。投資者に企業の収益性や安全性についての情報が提供されなければ，投資者は，株式等の購入・保有・売却についての判断が行えず，証券市場は機能しなくなってしまう。そのため，証券市場を円滑に機能させるためには，企業の収益性や安全性についての情報を財務諸表により投資者に提供し，意思決定を可能にする必要がある。

(2) 利害調整機能

　利害調整機能とは，企業を巡る利害関係者の利害の対立を解消または調整する機能をいう。

　（注）企業は，株主や債権者から資金の提供を受け，会社経営者が運用することにより利益を獲得する。この利益から株主に配当が行われ，債権者に利息が支払われる。会社経営者は，資金提供者から委託された資金を適正に運用し，利益をあげるような経営活動を行う管理責任がある。そこで，経営者は，財務諸表を作成し，資金提供者から委託された資金をどのように運用し，どれだけの利益を上げたのかを報告することにより，利害関係者の利害を調整している。

4 制度会計

法律・法令等の要請によって行われる企業会計を「制度会計」という。わが国における企業会計に関する法律には，「会社法」，「金融商品取引法」，「法人税法」の3つの体系があるといわれるが，このうち，財務諸表の作成を要請している「会社法」と「金融商品取引法」の2つの特徴をまとめると次のとおりである。

	会 社 法	金融商品取引法
制 度 の 目 的	利害関係者の利害の調整 現在株主と債権者の保護	有価証券の発行の公正化と流通の円滑化 投資家の保護
規 制 の 対 象	すべての株式会社	上場企業 大規模な株式会社
報 告 先	株主（定時株主総会）	内閣総理大臣
会計処理基準	会社法の計算等に関する規定 会社計算規則 **企業会計原則**その他の会計原則，基準など	
表 示 基 準	**会社計算規則**	**財務諸表等規則**
財務諸表等の 体 系	貸借対照表 損益計算書 株主資本等変動計算書 個別注記表 事業報告 附属明細書	貸借対照表 損益計算書 株主資本等変動計算書 キャッシュ・フロー計算書 附属明細表

（注1）会社法では，財務諸表を「計算書類」とよんでいる。なお，計算書類（貸借対照表，損益計算書，株主資本等変動計算書，個別注記表）および事業報告は，定時株主総会に提出し，計算書類については，原則として，その承認を受けなければならない。

（注2）小規模な株式会社は，会社法の規定にもとづき株主総会提出用の計算書類等を作成するだけであるが，大規模な株式会社は，さらに金融商品取引法の規定にもとづき内閣総理大臣提出用の有価証券報告書（この中に財務諸表等が含まれる）を作成しなければならない。

なお，金融商品取引法における財務諸表には，個別注記表が含まれていないが，同等の内容を財務諸表に注記しなければならない。

5 企業会計原則

企業会計原則とは，「企業会計の実務の中に慣習として発達したもののなかから，一般に公正妥当と認められたところを要約したもの」である。

企業会計原則は，必ずしも法令によって強制されるものではないが，金融商品取引法にもとづく財務諸表の会計処理基準として位置づけられるとともに，会社法においても「一般に公正妥当と認められる企業会計の慣行に従うものとする」と規定されており，その一部が取り入れられている。

企業会計原則は，「一般原則」，「損益計算書原則」，「貸借対照表原則」の3部で構成され，さらに，補足的な説明を行うために「企業会計原則注解」が定められている。

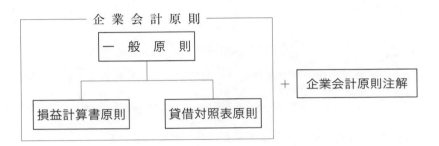

なお，企業会計原則は，企業が一般的な取引を行った場合に，損益計算書および貸借対照表を作成するための基本的なルールを定めたものであるが，特殊な取引を行った場合や特殊な財務諸表を作成するためのルールとして，さまざまな会計基準が定められている。

企業会計原則に準じる主な会計基準には次のようなものがある。

特殊な取引に関する会計基準	棚卸資産の評価に関する会計基準
	収益認識に関する会計基準
	金融商品に関する会計基準
	固定資産の減損に係る会計基準
	資産除去債務に関する会計基準
	リース取引に関する会計基準
	研究開発費等に係る会計基準
	退職給付に関する会計基準
	ストック・オプション等に関する会計基準
	外貨建取引等会計処理基準
	税効果会計に係る会計基準
	企業結合に関する会計基準
	事業分離等に関する会社基準
特殊な財務諸表に関する会計基準	連結財務諸表に関する会計基準
	四半期財務諸表に関する会計基準
	株主資本等変動計算書に関する会計基準
	包括利益の表示に関する会計基準
	連結キャッシュ・フロー計算書等の作成基準

6 一般原則

「企業会計原則」は，「一般原則」，「損益計算書原則」および「貸借対照表原則」の３部で構成されている。このうち，「一般原則」では，損益計算書および貸借対照表の作成に共通する基本的な考え方を定めている。具体的には，次の７つの原則がある。

① 真実性の原則	④ 明瞭性の原則	⑦ 単一性の原則
② 正規の簿記の原則	⑤ 継続性の原則	
③ 資本と利益の区別の原則	⑥ 保守主義の原則	

1．真実性の原則

「一般原則　一」

企業会計は，企業の財政状態及び経営成績に関して，真実な報告を提供するものでなければならない。

真実性の原則では，「真実な報告」を提供することを要請している。

真実性の原則が要求する「真実」とは，「絶対的真実」ではなく，「相対的真実」であると解釈されている。なぜならば，今日の財務諸表は，記録された事実と会計上の慣習，経営者（または会計担当者）の個人的判断の総合的表現によって作成されているからである。したがって，唯一絶対的な真実を求めることはできず，相対的にならざるをえないのである。

補足　相対的真実について

たとえば，備品の取得原価1,000円，残存価額なし，耐用年数10年，定額法償却率10％，200％定率法償却率20％の場合，１年目の減価償却費は，定額法によれば100円（1,000円×10％）になるが，定率法によれば200円（1,000円×20％）になる。このように，事実が同じであっても，採用する会計処理の手続きや原則が異なれば，計算された結果が異なることになる。ただし，どちらの方法を採用した場合であっても，その採用した方法にもとづいて適正に処理された結果であれば，どちらも真実であると認められる。

2．正規の簿記の原則
(1) 正規の簿記の原則

「一般原則　二」

企業会計は，すべての取引につき，正規の簿記の原則に従って，正確な会計帳簿を作成しなければならない。

正規の簿記の原則では，正確な会計帳簿の作成と，その会計帳簿にもとづいて財務諸表を作成することまで要請している。なお，会計帳簿にもとづいて財務諸表を作成することを誘導法という。

補足　財務諸表の作成と正確な会計帳簿

1．誘導法と棚卸法

(1) 誘導法：会計帳簿にもとづいて財務諸表を作成する方法

(2) 棚卸法：実地棚卸を行って財産目録を作成し，そこから貸借対照表を作成する方法

2．正確な会計帳簿の要件

　正確な会計帳簿とは，一般的に「網羅性」，「検証性」および「秩序性」の３つの要件を満たす会計帳簿のことであるといわれる。

(2) 重要性の原則

「企業会計原則注解【注１】」

　企業会計は，定められた会計処理の方法に従って正確な計算を行うべきものであるが，企業会計が目的とするところは，企業の財務内容を明らかにし，企業の状況に関する利害関係者の判断を誤らせないようにすることにあるから，重要性の乏しいものについては，本来の厳密な会計処理によらないで他の簡便な方法によることも正規の簿記の原則に従った処理として認められる。

　重要性の原則は，財務諸表の表示に関しても適用される。

　重要性の原則の適用例としては，次のようなものがある。

(1) 消耗品，消耗工具器具備品その他の貯蔵品等のうち，重要性の乏しいものについては，その買入時又は払出時に費用として処理する方法を採用することができる。

(2) 前払費用，未収収益，未払費用及び前受収益のうち，重要性の乏しいものについては，経過勘定項目として処理しないことができる。

(3) 引当金のうち，重要性の乏しいものについては，これを計上しないことができる。

(4) たな卸資産の取得原価に含められる引取費用，関税，買入事務費，移管費，保管費等の付随費用のうち，重要性の乏しいものについては，取得原価に算入しないことができる。

(5) 分割返済の定めのある長期の債権又は債務のうち，期限が一年以内に到来するもので重要性の乏しいものについては，固定資産又は固定負債として表示することができる。

　企業会計は，定められた会計処理の方法に従って正確な計算や表示を行うべきであるが，重要性の原則では，重要性の乏しいものについては，厳密な処理によらないで，簡便な方法や表示を採用することを容認している。

　なお，重要性の判断基準としては，「金額の重要性（量的重要性）」や「項目の重要性（質的重要性）」がある。

3．資本と利益の区別の原則

> **「一般原則　三」**
> 資本取引と損益取引とを明瞭に区別し，特に資本剰余金と利益剰余金とを混同してはならない。

> **「企業会計原則注解【注2】(1)」一部抜粋**
> 資本剰余金は，資本取引から生じた剰余金であり，利益剰余金は損益取引から生じた剰余金，すなわち利益の留保額であるから，両者が混同されると，企業の財政状態及び経営成績が適正に示されないことになる。

資本と利益の区別の原則（資本取引・損益取引区分の原則または剰余金区別の原則とよぶこともある）では，資本取引から生じた資本剰余金と損益取引から生じた利益剰余金とを区別することを要請している。

補足　資本剰余金と利益剰余金

資本取引とは，資本金および資本剰余金が増減する取引のことをいい，株主からの払込みなどが該当する。資本取引から生じた資本剰余金は，資本金とともに社内に維持拘束されるべきものと考えられている。それに対して損益取引とは，収益・費用を生ぜしめ，結果として利益剰余金が増減する取引をいう。損益取引から生じた利益剰余金は，処分可能なものと考えられている。

貸 借 対 照 表

資　　　　産	負　　　　債	
	資　　本　　金	⎫ 維持拘束すべきもの
	剰余金 ┊ 資本剰余金	⎬
	┊ 利益剰余金	⎭ 処分可能なもの

4．明瞭性の原則

(1)　明瞭性の原則

> **「一般原則　四」**
> 企業会計は，財務諸表によって，利害関係者に対し必要な会計事実を明瞭に表示し，企業の状況に関する判断を誤らせないようにしなければならない。

明瞭性の原則では，財務諸表の明瞭性を要求している。

補足 「形式に関する明瞭性」と「内容に関する明瞭性」

明瞭性の原則でいう明瞭性には，「形式に関する明瞭性」と「内容に関する明瞭性」とがある。

１．形式に関する明瞭性（形式的明瞭性）

形式に関する明瞭性とは，財務諸表の様式，区分表示などの形式に関する明瞭性であり，次のようなものがある。

・損益計算書および貸借対照表の様式および区分表示
・科目の明瞭な分類（概観性も考慮し，過度に細分化しない）
・科目の系統的配列
・総額主義による表示

２．内容に関する明瞭性（実質的明瞭性）

実質的明瞭性とは，財務諸表に表示された金額がどのような会計処理の原則および手続きで決定されたかを開示するものなどの内容に関する明瞭性であり，次のようなものがある。

・重要な会計方針の注記
・重要な後発事象の注記
・附属明細表（附属明細書）の添付

(2) 重要な会計方針の開示

「企業会計原則注解【注１－２】」

財務諸表には，重要な会計方針を注記しなければならない。

会計方針とは，企業が損益計算書及び貸借対照表の作成に当たって，その財政状態及び経営成績を正しく示すために採用した会計処理の原則及び手続並びに表示の方法をいう。

会計方針の例としては，次のようなものがある。

　イ　有価証券の評価基準及び評価方法
　ロ　たな卸資産の評価基準及び評価方法
　ハ　固定資産の減価償却方法
　ニ　繰延資産の処理方法
　ホ　外貨建資産・負債の本邦通貨への換算基準
　ヘ　引当金の計上基準
　ト　費用・収益の計上基準

代替的な会計基準が認められていない場合には，会計方針の注記を省略することができる。

会計方針とは，会計処理の原則および手続きならびに表示の方法のことをいい，このうち重要なものは，財務諸表に注記しなければならない。なお，「会社計算規則」では，重要な会計方針は，「注記表」に記載することを要請している。

(3) 重要な後発事象の開示

「企業会計原則注解【注1－3】」

　財務諸表には，損益計算書及び貸借対照表を作成する日までに発生した重要な後発事象を注記しなければならない。

　後発事象とは，貸借対照表日後に発生した事象で，次期以後の財政状態及び経営成績に影響を及ぼすものをいう。

　重要な後発事象を注記事項として開示することは，当該企業の将来の財政状態及び経営成績を理解するための補足情報として有用である。

　重要な後発事象の例としては，次のようなものがある。

　イ　火災，出水等による重大な損害の発生

　ロ　多額の増資又は減資及び多額の社債の発行又は繰上償還

　ハ　会社の合併，重要な営業の譲渡又は譲受

　ニ　重要な係争事件の発生又は解決

　ホ　主要な取引先の倒産

　重要な後発事象とは，貸借対照表日後に発生した事象で，次期以後の財政状態および経営成績に影響を及ぼすものをいい，このうち損益計算書および貸借対照表を作成する日までに発生した重要なものは，財務諸表に注記しなければならない。

　なお，「会社計算規則」では，重要な後発事象は，「注記表」に記載することを要請している。

補足　後発事象の分類

　「企業会計原則」では，重要な後発事象は，財務諸表に注記することとされているが，後発事象のなかには，直接，当期の財務諸表を修正しなければならないものもある。

　「後発事象に関する監査上の取扱い」においては，次のように分類している。

後発事象	修正後発事象	発生した事象の実質的な原因が決算日現在においてすでに存在しているため，**財務諸表の修正が必要である**事象
	開示後発事象	発生した事象が翌事業年度以降の財務諸表に影響を及ぼすため，注記表に記載または**財務諸表に注記を行う必要がある**事象

| 研究 | その他の注記すべき事項 |

「企業会計原則」では，貸借対照表には，次の事項を注記することを要請している。

① 受取手形の割引高または裏書譲渡高，保証債務等の偶発債務
② 債務の担保に供している資産
③ 発行済株式1株当たり当期純利益および同1株当たり純資産額　など

（注）　1株当たり当期純利益の注記は，「財務諸表等規則」では損益計算書に注記することとしている。また，「会社計算規則」では，1株当たり情報に関する注記として注記表に記載することとしている。

また，「財務諸表等規則」および「会社計算規則」では，このほかにもさまざまな事項について注記することを要請している。「会社計算規則」にもとづく注記表に記載すべき主な注記事項は，次のとおりである。

① 継続企業の前提に関する注記
② 重要な会計方針に係る事項に関する注記
③ 会計方針の変更に関する注記
④ 収益認識に関する注記
⑤ 表示方法の変更に関する注記
⑥ 会計上の見積りに関する注記
⑦ 会計上の見積りの変更に関する注記
⑧ 貸借対照表等に関する注記
⑨ 損益計算書に関する注記
⑩ 株主資本等変動計算書に関する注記
⑪ 税効果会計に関する注記
⑫ リースにより使用する固定資産に関する注記
⑬ 持分法損益等に関する注記
⑭ 関連当事者との取引に関する注記
⑮ 1株当たり情報に関する注記
⑯ 重要な後発事象に関する注記
⑰ 連結配当規制適用会社に関する注記
⑱ その他の注記

(4) 附属明細表と附属明細書

「附属明細表」および「附属明細書」とは，損益計算書および貸借対照表の重要な項目について，より詳細な情報を提供するために作成されるものであり，損益計算書または貸借対照表の科目の内訳や増減額などが記載される。

「企業内容等の開示に関する内閣府令」および「財務諸表等規則」では，「附属明細表」の作成を要請し，「会社法」および「会社計算規則」では，「附属明細書」の作成を要請している。

5．継続性の原則

> **「一般原則　五」**
> 　企業会計は，その処理の原則及び手続を毎期継続して適用し，みだりにこれを変更しては
> ならない。

> **「企業会計原則注解【注3】」**
> 　企業会計上継続性が問題とされるのは，一つの会計事実について二つ以上の会計処理の原
> 則又は手続の選択適用が認められている場合である。
> 　このような場合に，企業が選択した会計処理の原則及び手続を毎期継続して適用しないと
> きは，同一の会計事実について異なる利益額が算出されることになり，財務諸表の期間比較
> を困難ならしめ，この結果，企業の財務内容に関する利害関係者の判断を誤らしめることに
> なる。
> 　従って，いったん採用した会計処理の原則又は手続は，正当な理由により変更を行う場合
> を除き，財務諸表を作成する各時期を通じて継続して適用しなければならない。
> 　なお，正当な理由によって，会計処理の原則又は手続に重要な変更を加えたときは，これ
> を当該財務諸表に注記しなければならない。

　継続性の原則では，①経営者の恣意的な利益操作を排除し，②財務諸表の期間比較性を確保す
るために，会計処理の原則および手続きを毎期継続して適用することを要請している。
　ただし，正当な理由により変更することは容認している。

補足 　継続性の変更について

1．継続性の原則が問題となるケース

　継続性の原則が問題となるのは，1つの会計事実について2つ以上の会計処理の原則または手続き
の選択適用が認められている場合に，認められる処理から別の認められる処理に変更しようとする場
合である。したがって，認められない処理への変更や認められない処理からの変更は，継続性の原則
以前の問題であり，当然，変更できないか，当然，変更しなければならない。

①	認められる処理⇨認められない処理	企業会計原則違反であり，当然，変更できない。	継続性の原則以前の問題である。
②	認められない処理⇨認められない処理		
③	認められない処理⇨認められる処理	当然，変更しなければならない。	
④	認められる処理⇨認められる処理	継続性の原則が問題となるケースである。 原則：変更することは認められない。 容認：正当な理由があれば変更することが認められる。	

2．正当な理由による変更

　正当な理由としては，取扱品目の変更等「企業の大規模な経営方針の変更」や関連法令の改廃，国
際経済環境の急変等「経済環境の急激な変化」などがある。また，会計方針を変更したときは，その
旨，変更の理由およびその変更が財務諸表に与えている影響の内容を注記する。

6．保守主義の原則

保守主義の原則では，保守的な会計処理（適当に健全な会計処理または慎重な判断にもとづく会計処理）を要請している。ただし，過度に保守的な会計処理を行うことは認められていない。

補足　保守的な会計処理

1．保守的な会計処理とは

企業会計上，利益が計上されると，それにもとづいて税金，配当などの支払いが行われる。すなわち，利益が小さいほど現金の支出を抑えることができる。したがって，取引された事実が同じであれば，利益が小さくなるような会計処理を選択したほうが，現金の支出を抑えることにより，企業の健全性（安全性）を保つことができる。

このように，利益が小さくなるような会計処理を保守的な会計処理という。なお，イギリスの伝統的な会計思考では，このことを「予想の損失は計上してもよいが，予想される利益は計上してはならない」といっている。

2．保守的な会計処理の適用例

① 収益の認識における実現主義

② 減価償却における定率法

③ 棚卸資産の評価における低価法

④ 引当金の計上

（注）実現主義については後述する。

7．単一性の原則

> **「一般原則　七」**
>
> 　株主総会提出のため，信用目的のため，租税目的のため等種々の目的のために異なる形式の財務諸表を作成する必要がある場合，それらの内容は，信頼しうる会計記録に基づいて作成されたものであって，政策の考慮のために事実の真実な表示をゆがめてはならない。

　単一性の原則では，目的に応じて異なる計算内容，表示形式の財務諸表を作成する場合であっても，財務諸表の作成基礎となる会計記録は単一であることを要請している（二重帳簿の禁止）。また，このことを「実質一元・形式多元」という。

研究　会計公準

　会計公準とは，企業会計における最も基礎的な前提であり，企業会計の下部構造をいう。

会計手続	⇦ 上部構造（具体的な基準，計算方法，処理方法）
会計原則	⇦ 中部構造（基本的な考え方）
会計公準	⇦ 下部構造（基礎的な前提条件）

　会計公準には，一般的に以下の3つがある。

1．企業実体の公準

　企業実体の公準とは，企業をその所有主（オーナー，株主）から独立した存在と考え，企業会計は，「企業それ自体を1つの会計単位とすること」を意味し，企業会計の場所的限定を示している。

　　（注）企業実体の公準によれば，個別会計では，法的実体（法人など）にもとづいて個々の企業ごとに財務諸表（個別財務諸表）が作成され，連結会計では，経済的実体（支配従属関係（親会社と子会社など）にある企業集団）にもとづいて連結財務諸表が作成される。

2．継続企業の公準（会計期間の公準）

　継続企業の公準（会計期間の公準）とは，企業は基本的に解散，清算は予定されておらず継続的に活動を行うと考えられることから，人為的に期間を区切ることにより「会計期間ごとに処理，計算を行うこと」を意味し，企業会計の時間的限定を示している。

　　（注）財務諸表は，企業が継続することを前提に考えられた会計処理の原則および手続きにもとづいて作成されているため，継続企業の前提に重要な疑義を抱かせる事象または状況が存在すると判断した場合には，当該事象または状況が存在する旨および内容，継続企業の前提に関する重要な疑義が存在する旨，当該事象または状況を解消または大幅に改善するための経営者の対応および経営計画の内容などを財務諸表に注記または注記表に記載しなければならない。なお，継続企業の前提に重要な疑義を抱かせる事象または状況には，債務超過などの財務指標の悪化，債務不履行などの財務活動の破綻，重要な市場または得意先の喪失などの営業活動の低迷などがあげられる。

3．貨幣的評価の公準（貨幣的測定の公準）

　貨幣的評価の公準（貨幣的測定の公準）とは，企業会計では，「貨幣額によって評価（測定）すること」を意味し，企業会計の内容的限定を示している。なお，企業会計では，数量，時間など貨幣以外の物量的数値が用いられることもあるが，それらは，あくまでも付随的，補完的なものであると考えられている。

また，この公準では，インフレーションなどの理由により貨幣価値が変動しても，一般には，そうした貨幣価値の変動を特別に考慮しないことから，貨幣価値が安定しているという仮定にもとづいているともいわれる。

7 損益計算書原則　　　　　　　　　　　　　　　　　　　　　　　理論

「損益計算書原則」とは，損益計算書の作成に関する原則であり，そのなかでも特に基本となる原則には，次のようなものがある。

損益計算書の基本原則	損 益 計 算 書 の 本 質	費用収益対応の原則
	収益・費用の計上原則	発生主義の原則 実現主義の原則 収支主義の原則
	作成原則（表示原則）	総額主義の原則 費用収益対応の原則（費用収益対応表示の原則） 区分表示の原則

1. 損益計算書の本質

「損益計算書原則　一」

損益計算書は，企業の経営成績を明らかにするため，一会計期間に属するすべての収益とこれに対応するすべての費用とを記載して経常利益を表示し，これに特別損益に属する項目を加減して当期純利益を表示しなければならない。

⑴　損益計算書の本質（目的）

損益計算書の本質（目的）は，経営成績を明らかにするために当期純利益を計算し，表示することである。

研究　経営成績の意味

損益計算書では，「経営成績」を明らかにしなければならないが，ここでいう「経営成績」の概念には，以下の2つの考え方がある。

1．当期業績主義

当期業績主義とは，非経常的，臨時的に発生する損益（期間外損益項目＝特別損益項目）を含まない正常な収益力（経常利益）を経営成績とする考え方である。

2．包括主義 ⇦ 企業会計原則で採用

包括主義とは，非経常的，臨時的に発生する損益（期間外損益項目＝特別損益項目）を含めた処分可能利益の増減額（当期純利益）を経営成績とする考え方である。

企業会計原則では，損益計算書において当期純利益を計算し，表示することを要請していることから「包括主義」を採用しているといわれるが，経常利益の計算も要求していることから両者の考え方を採用しているともいえる。

(2) **費用収益対応の原則**

　　費用収益対応の原則とは，企業活動の成果である収益と，収益を獲得するために費やされた費用とを対応させることにより当期純利益を計算することを指示する原則である。

研究　収益と費用の対応形態

　　収益と費用の対応形態には，以下の2つの形態がある。

1．個別的対応（プロダクト対応）

　　個別的対応とは，収益と費用とを特定の商品，製品などをとおして個別的に対応させることであり，売上高と売上原価との対応などがある。

2．期間的対応（ピリオド対応）

　　期間的対応とは，収益と費用とを特定の期間をとおして間接的に対応させることであり，売上高と販売費及び一般管理費との対応，営業外収益と営業外費用との対応などがある。

2．収益・費用の計上原則

　　収益・費用の計上原則とは，費用・収益を「いくら計上すべきなのか（測定）」，「いつ計上すべきなのか（認識）」を決定するための基本的な考え方のことである。

「損益計算書原則　一A」

　　すべての費用及び収益は，その支出及び収入に基づいて計上し，その発生した期間に正しく割当てられるように処理しなければならない。ただし，未実現収益は，原則として，当期の損益計算に計上してはならない。

　　前払費用及び前受収益は，これを当期の損益計算から除去し，未払費用及び未収収益は，当期の損益計算に計上しなければならない。

---

(1) **収支主義の原則 ⇐ 収益・費用の測定原則**

　　収支主義の原則とは，収益・費用を測定するための原則であり，収益・費用を収入および支出にもとづいて計上することを要請する原則である。

　　ただし，収支主義の原則は，あくまでも計上する金額を決定するための原則であり，いつ計上するのかということとは，直接の関係がない。したがって，①ここでいう収入・支出には，過去の収入・支出および将来の収入・支出が含まれる。逆にいえば，②当期の収入・支出が，かならずしも当期の収益・費用になるとは限らない。

〈例〉当期に商品10,000円を掛けで販売し，翌期に回収予定である。

　　①　当期の売上高10,000円は，将来の収入予定額10,000円にもとづいて計上される。

　　②　翌期に10,000円の収入があるが，翌期に売上は計上されない。

(2) **発生主義の原則** ⇦ 収益・費用の認識原則

　　発生主義の原則とは，収益・費用を認識するための原則であり，収益・費用を発生した期間に計上することを要請する原則である。なお，ここでいう「発生」とは，企業活動の進行によって経済価値が増減することをいい，価値が増加すれば収益が発生したと考え，価値が減少すれば費用が発生したと考える。

　　また，費用の発生については，財貨または用役が消費されたときに発生したと考える「消費発生主義」と，財貨または用役が消費される原因が生じたときに発生したと考える「原因発生主義」に分類される。

(3) **実現主義の原則** ⇦ 収益の認識原則

　　実現主義の原則とは，収益を実現の事実にもとづいて計上することを要請する原則である。なお，ここでいう「実現の事実」とは，収益に「確実性」が認められ，金額に「客観性」が認められることをいい，一般的には，次の2つの要件を満たすことをいう。

　　①　財貨または用役の提供
　　②　対価として貨幣性資産（現金および売掛金・受取手形）の取得

　　また，実現の条件を満たす前の収益を「未実現収益」といい，原則として未実現収益を計上することは認められていない。

研究　収益・費用の認識について

　　収益・費用の認識については，理論上，以下のような考え方がある。

1．現金主義

　　現金主義とは，収益・費用を現金の収入時または支出時に認識するという考え方である。現金主義は，計算が簡便であるが，信用経済が発達した今日においては，適正な期間損益計算を行うことができない。

2．半発生主義（権利義務確定主義）

　　半発生主義（権利義務確定主義）とは，現金の収入・支出だけでなく，将来受け取る権利（金銭債権）および将来支払う義務（金銭債務）の発生時にも収益・費用を認識するという考え方である。現金主義よりも合理的であるが，固定資産の減価償却費の計上や引当金の設定および経過勘定の計上などの重要な損益計算上の要素が無視されている。

3．発生主義

　　発生主義とは，前述したように経済価値の増減により収益・費用を認識する考え方である。発生主義では，固定資産の減価償却費の計上や引当金の設定および経過勘定の計上などを行うことができ，適正な期間損益計算を行ううえで合理性がある。ただし，収益の発生の認識には，主観や恣意的な判断が多分に介入することにより不確実で客観性のない収益が計上されるおそれがある。このことから，費用の認識には適切であるが，収益の認識には不適切であるといえる。

4．実現主義

　　実現主義とは，前述したように実現の事実により収益を認識する考え方である。実現主義では，未実現収益を排除し，客観性，確実性のある実現収益のみが計上されることから，処分可能利益の算定を中心とした今日の制度会計の主旨に合致している。

発生主義会計

　「実現主義の原則」により期間実現収益を認識し，「発生主義の原則」により期間発生費用を認識し，さらに「費用収益対応の原則」により期間実現収益に対応する期間対応費用を計上し損益計算を行う会計システムを発生主義会計という。なお，期間発生費用であっても期間対応費用にならないものは，次期以降の費用とするために貸借対照表に計上し繰り延べる。

　また，収益・費用ともに「収支主義の原則」により測定する。

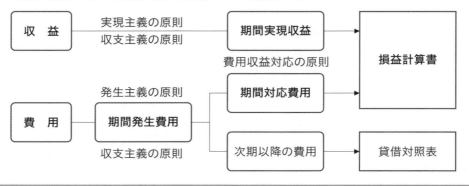

(4) 経過勘定項目

　経過勘定項目とは，時間の経過にともなって発生する費用または収益を発生した期間に正しく割り当てるための調整項目である。

　経過勘定には，「前払費用」，「前受収益」，「未払費用」，「未収収益」の4つがあり，企業会計原則では，それぞれ次のように規定している。

「企業会計原則注解【注5】」

(1) 前払費用

　前払費用は，一定の契約に従い，継続して役務の提供を受ける場合，いまだ提供されていない役務に対し支払われた対価をいう。従って，このような役務に対する対価は，時間の経過とともに次期以降の費用となるものであるから，これを当期の損益計算から除去するとともに貸借対照表の資産の部に計上しなければならない。また，前払費用は，かかる役務提供契約以外の契約等による前払金とは区別しなければならない。

(2) 前受収益

　前受収益は，一定の契約に従い，継続して役務の提供を行う場合，いまだ提供していない役務に対し支払を受けた対価をいう。従って，このような役務に対する対価は，時間の経過とともに次期以降の収益となるものであるから，これを当期の損益計算から除去するとともに貸借対照表の負債の部に計上しなければならない。また，前受収益は，かかる役務提供契約以外の契約等による前受金とは区別しなければならない。

(3) 未払費用

　　未払費用は，一定の契約に従い，継続して役務の提供を受ける場合，すでに提供された役務に対していまだその対価の支払が終らないものをいう。従って，このような役務に対する対価は，時間の経過に伴いすでに当期の費用として発生しているものであるから，これを当期の損益計算に計上するとともに貸借対照表の負債の部に計上しなければならない。また，未払費用は，かかる役務提供契約以外の契約等による未払金とは区別しなければならない。

(4) 未収収益

　　未収収益は，一定の契約に従い，継続して役務の提供を行う場合，すでに提供した役務に対していまだその対価の支払を受けていないものをいう。従って，このような役務に対する対価は時間の経過に伴いすでに当期の収益として発生しているものであるから，これを当期の損益計算に計上するとともに貸借対照表の資産の部に計上しなければならない。また，未収収益は，かかる役務提供契約以外の契約等による未収金とは区別しなければならない。

補足　経過勘定項目と前払金，前受金，未払金，未収入金との区別

　　経過勘定項目は，「継続的な役務提供契約」にもとづいて発生する費用・収益を発生した期間に正しく割り当てるために使用する科目である。したがって，役務提供契約であっても「継続的でないもの」や継続的であっても物品の売買など「役務提供契約でないもの」については，経過勘定項目を使用せずに，「前払金」，「前受金（契約負債）」，「未払金（買掛金）」，「未収入金（売掛金）」として処理する。

　　また，「継続的な役務提供契約」にもとづくものでも，契約期間が完了（または支払期日が到来）したものに対する未払い，未収は，経過勘定項目を使用せずに「未払金」，「未収入金」として処理する。

内　　　　容	科　　　　目
継続的な役務提供契約で契約期間完了前	前払費用，前受収益，未払費用，未収収益
継続的な役務提供契約で契約期間完了後	前払金，前受金（契約負債）， 未払金（買掛金），未収入金（売掛金）
一 時 的 な 役 務 提 供 契 約	
継 続 的 な 物 品 の 売 買 契 約 な ど	
一 時 的 な 物 品 の 売 買 契 約 な ど	

3. 作成原則（表示原則）

(1) 総額主義の原則

「損益計算書原則 一B」

費用及び収益は，総額によって記載することを原則とし，費用の項目と収益の項目とを直接に相殺することによってその全部又は一部を損益計算書から除去してはならない。

総額主義の原則では，原則として費用および収益を総額によって記載することを要請している。ただし，有価証券の評価損益のように，一般に評価損と評価益とを相殺して記載することが慣例となっているものも多く認められる。

(2) 費用収益対応の原則（費用収益対応表示の原則）

「損益計算書原則 一C」

費用及び収益は，その発生源泉に従って明瞭に分類し，各収益項目とそれに関連する費用項目とを損益計算書に対応表示しなければならない。

費用収益対応の原則（費用収益対応表示の原則）では，費用および収益を発生源泉別に分類し，対応表示することを要請している。

具体的な分類（表示区分）は，以下のようになる。

(3) 区分表示の原則

① 表示区分

「損益計算書原則 二」

損益計算書には，営業損益計算，経常損益計算及び純損益計算の区分を設けなければならない。

A 営業損益計算の区分は，当該企業の営業活動から生ずる費用及び収益を記載して，営業利益を計算する。

　二つ以上の営業を目的とする企業にあっては，その費用及び収益を主要な営業別に区分して記載する。

B 経常損益計算の区分は，営業損益計算の結果を受けて，利息及び割引料，有価証券売却損益その他営業活動以外の原因から生ずる損益であって特別損益に属しないものを記載し，経常利益を計算する。

C 純損益計算の区分は，経常損益計算の結果を受けて，前期損益修正額，固定資産売却損益等の特別損益を記載し，当期純利益を計算する。

上記の規定をまとめると，次のようになる。

	Ⅰ　売　　　　　上　　　　　高
営 業 損 益 計 算	Ⅱ　売　　　上　　　原　　　価
	売　上　総　利　益
	Ⅲ　販売費及び一般管理費
	営　　業　　利　　益
経 常 損 益 計 算	Ⅳ　営　業　外　収　益
	Ⅴ　営　業　外　費　用
	経　　常　　利　　益
	Ⅵ　特　　別　　利　　益
	Ⅶ　特　　別　　損　　失
純 損 益 計 算	税引前当期純利益
	法　人　税　等
	当　期　純　利　益

（注）純損益計算の区分は，税引前当期純利益の計算までとする意見もある。

②　特別損益に属する項目

「企業会計原則注解【注12】」一部抜粋

特別損益に属する項目としては，次のようなものがある。

(1)　臨時損益
　イ　固定資産売却損益
　ロ　転売以外の目的で取得した有価証券の売却損益
　ハ　災害による損失

8 貸借対照表原則

「貸借対照表原則」とは,貸借対照表の作成に関する原則であり,そのなかでも特に基本となる原則には,次のようなものがある。

	貸借対照表の本質	貸借対照表完全性の原則
貸借対照表の基本原則	作成原則(表示原則)	総額主義の原則 区分表示の原則
	資産の評価原則	原価主義の原則 費用配分の原則

1. 貸借対照表の本質

> **「貸借対照表原則 一」**一部修正
>
> 貸借対照表は,企業の財政状態を明らかにするため,貸借対照表日におけるすべての資産,負債及び純資産(資本)を記載し,株主,債権者その他の利害関係者にこれを正しく表示するものでなければならない。ただし,正規の簿記の原則に従って処理された場合に生じた簿外資産及び簿外負債は,貸借対照表の記載外におくことができる。

(1) 貸借対照表の本質

貸借対照表の本質は,財政状態を明らかにするために,貸借対照表日におけるすべての資産,負債および純資産(資本)を表示することである。

(2) 貸借対照表完全性の原則

貸借対照表日におけるすべての資産,負債および純資産(資本)を表示しなければならないことを貸借対照表完全性の原則という。ただし,正規の簿記の原則にしたがって処理された場合に生じた簿外資産および簿外負債は,貸借対照表の記載外におくことが容認されている。

補足 財政状態とは

財政状態とは,資金の調達源泉とその運用形態のことをいう。したがって,財政状態を明らかにするためには,資金の調達源泉である負債および純資産(資本)と,資金の運用形態である資産を正しく表示する必要がある。

資　産	資産とは，負債および純資産（資本）として調達した資金の運用形態を表すものであり，将来の収益を獲得する能力をもち，貨幣額により合理的に評価できるものをいう。資産のほとんどは換金価値のある物財や権利であるが，繰延資産のように換金価値がなくとも将来の収益を獲得する能力が認められるものについても資産性が認められる。
負　債	負債とは，資金の調達源泉のひとつであり，他人資本ともよばれる。そのほとんどは，財貨または役務を提供する義務，すなわち債務であるが，期間損益計算を合理的に行うために設定された貸方科目（純会計的負債）も含まれる。
純資産（資本）	純資産とは，資金の調達源泉のひとつであり，資産と負債の差額で求められる。純資産は基本的に株主の持分（株主からの出資額とその増加額）を表しており，資本（株主資本または自己資本）ともよばれる。ただし，今日の貸借対照表では，資産，負債，株主資本のいずれにも属さない項目（評価・換算差額等など）が生じることがあるため，表示上は，純資産の部の中に株主資本とその他の純資産の項目を表示することとしている。

補足 簿外資産と簿外負債

　簿外資産および簿外負債とは，実際には存在する資産・負債であるが，貸借対照表に記載されない（帳簿に記録されていない）資産・負債のことである。

　正規の簿記の原則では，すべての取引を正確に記録することを要請しているが，重要性の原則にもとづいて，重要性の乏しいものについて本来の厳密な会計処理によらないで簡便な処理によることを容認している。この結果として，簿外資産および簿外負債が生じることは，貸借対照表完全性の原則でも容認している。

〈例〉消耗品1,000円を現金で購入した。このうち800円を当期に消費し，200円が期末に残っている。

厳　密　な　処　理	簡　便　な　処　理
（消耗品費）　1,000　（現　　　金）　1,000 （消　耗　品）　　200　（消耗品費）　　200 ∴　P／L消耗品費＝800円 　　B／S消耗品＝200円	（消耗品費）　1,000　（現　　　金）　1,000 重要性が乏しいので決算整理を省略 ∴　P／L消耗品費＝1,000円 　　B／S消　耗　品＝　　　0円

　上記のように簡便な処理によった場合には，実際には存在する消耗品200円が貸借対照表に記載されないことになるが，正規の簿記の原則（重要性の原則）にしたがった処理であれば簿外資産が生じることも容認される。

　なお，簿外資産および簿外負債が生じることは，容認されているが，架空資産および架空負債（実際にない資産・負債）を貸借対照表に計上することは，容認されていない。

2. 作成原則（表示原則）

(1) 総額主義の原則

> **「貸借対照表原則 一B」一部修正**
> 　資産，負債及び純資産（資本）は，総額によって記載することを原則とし，資産の項目と負債又は純資産（資本）の項目とを相殺することによって，その全部又は一部を貸借対照表から除去してはならない。

　総額主義の原則では，原則として資産，負債および純資産（資本）を総額によって記載することを要請している。ただし，デリバティブ取引による債権・債務のように，一般に債権と債務を相殺して記載することが慣例となっているものも認められる。

(注) デリバティブ取引については，「テキストⅡ」で学習する。

(2) 区分表示の原則
① 表示区分

> **「貸借対照表原則 二」一部修正**
> 　貸借対照表は，資産の部，負債の部及び純資産の部の三区分に分ち，さらに資産の部を流動資産，固定資産及び繰延資産に，負債の部を流動負債及び固定負債に区分しなければならない。

> **「貸借対照表原則 四（一）B」一部抜粋**
> 　固定資産は，有形固定資産，無形固定資産及び投資その他の資産に区分しなければならない。

　上記の規定をまとめると，次のようになる。

資産の部	負債の部
Ⅰ　流　動　資　産	Ⅰ　流　動　負　債
Ⅱ　固　定　資　産	Ⅱ　固　定　負　債
1．有 形 固 定 資 産	純資産の部
2．無 形 固 定 資 産	
3．投 資 そ の 他 の 資 産	（省　略）
Ⅲ　繰　延　資　産	

(注) 純資産の部の詳細については，「テキストⅡ」で学習する。

② 貸借対照表の配列

「貸借対照表原則　三」
資産及び負債の配列は，原則として，流動性配列法によるものとする。

　流動性配列法とは，流動資産および流動負債を固定資産および固定負債よりも上に記載する方法である。企業会計原則では，流動性配列法を原則としているが，固定性配列法（固定資産および固定負債を流動資産および流動負債よりも上に記載する方法）も認めている。固定性配列法は，固定資産の占める割合が大きく，重要性の高い業種（鉄道業，電力，ガス事業など）で採用されることがある。

③ 資産・負債の流動・固定の分類

「企業会計原則注解【注16】」
　受取手形，売掛金，前払金，支払手形，買掛金，前受金等の当該企業の主目的たる営業取引により発生した債権及び債務は，流動資産又は流動負債に属するものとする。ただし，これらの債権のうち，破産債権，更生債権及びこれに準ずる債権で一年以内に回収されないことが明らかなものは，固定資産たる投資その他の資産に属するものとする。
　貸付金，借入金，差入保証金，受入保証金，当該企業の主目的以外の取引によって発生した未収金，未払金等の債権及び債務で，貸借対照表日の翌日から起算して一年以内に入金又は支払の期限が到来するものは，流動資産又は流動負債に属するものとし，入金又は支払の期限が一年をこえて到来するものは，投資その他の資産又は固定負債に属するものとする。
　現金預金は，原則として，流動資産に属するが，預金については，貸借対照表日の翌日から起算して一年以内に期限が到来するものは，流動資産に属するものとし，期限が一年をこえて到来するものは，投資その他の資産に属するものとする。
　所有有価証券のうち，証券市場において流通するもので，短期的資金運用のために一時的に所有するものは，流動資産に属するものとし，証券市場において流通しないもの若しくは他の企業を支配する等の目的で長期的に所有するものは，投資その他の資産に属するものとする。
　前払費用については，貸借対照表日の翌日から起算して一年以内に費用となるものは，流動資産に属するものとし，一年をこえる期間を経て費用となるものは，投資その他の資産に属するものとする。未収収益は流動資産に属するものとし，未払費用及び前受収益は，流動負債に属するものとする。
　商品，製品，半製品，原材料，仕掛品等のたな卸資産は，流動資産に属するものとし，企業がその営業目的を達成するために所有し，かつ，その加工若しくは売却を予定しない財貨は，固定資産に属するものとする。
　なお，固定資産のうち残存耐用年数が一年以下となったものも流動資産とせず固定資産に含ませ，たな卸資産のうち恒常在庫品として保有するもの若しくは余剰品として長期間にわたって所有するものも固定資産とせず流動資産に含ませるものとする。

補足 流動・固定の分類基準

資産・負債を流動・固定に分類する基準には，以下のようなものがある。

① 正常営業循環基準
② 一年基準
③ その他の基準（科目の性質や所有目的など）

資産・負債は，上記の分類基準によって流動・固定に分類されるが，次の点に注意してほしい。

① 受取手形，売掛金等の営業債権は，正常営業循環基準により流動資産に分類されるが，破産債権，更生債権およびこれらに準ずる債権（いわゆる不良債権）になった場合には，一年基準により流動・固定に分類する。
② 経過勘定項目のうち前払費用は，一年基準により流動・固定に分類するが，未収収益，未払費用，前受収益は，一年基準を適用せずにすべて流動項目とする。
③ 固定資産のうち残存耐用年数が1年以下になったものも流動資産とせずに固定資産に含ませるものとする。
④ 棚卸資産のうち恒常在庫品，余剰品として長期間にわたって所有するものも固定資産とせずに流動資産に含ませるものとする。

補足 投資その他の資産

「投資その他の資産」とは，固定資産のうち「有形固定資産」および「無形固定資産」以外のものをいう。「投資その他の資産」に属するものには，次のようなものがある。

分　類		主　な　項　目
投　資	事業統制や支配等を目的とするもの	子　会　社　株　式 関　連　会　社　株　式 出　資　金　など
	長期利殖を目的とするもの	投　資　有　価　証　券 投　資　不　動　産　など
その他の資産	長期的運用目的のもの	長　期　預　金 長　期　貸　付　金　など
	長期間保有するもの	(長　期)差　入　保　証　金 (長　期)破　産　更　生　債　権　等 (長　期)不　渡　手　形　など
	そ　の　他	長　期　前　払　費　用　など

(注) 出資金とは，株式会社以外の会社に対する出資額をいう。
　　　投資不動産とは，販売または自己が利用する以外の目的で所有する不動産をいう。
　　　差入保証金とは，不動産の賃借時に預けた保証金，その他信用取引にともなう担保として預けられた保証金をいう。

3. 資産の評価原則

資産の評価原則とは，資産をいくらで計上すべきなのかを決定するための基本的な考え方のことである。

(1) 原価主義の原則

原価主義の原則とは，貸借対照表に記載する資産は，取得原価にもとづいて評価することを要請する原則である。

(2) 費用配分の原則

費用配分の原則とは，原価主義の原則にもとづいて計上された資産の取得原価を各事業年度に費用として配分することを要請する原則である。

したがって，当初の取得原価から費用として配分された額を控除した残額が，資産の貸借対照表価額となる。

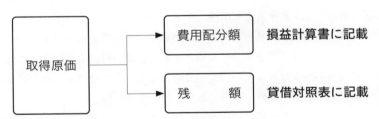

財務会計の概念フレームワーク

１．概念フレームワークとは

「財務会計の概念フレームワーク（以下，概念フレームワークという）」は，2006年12月に企業会計基準委員会より公表された討議資料である。

「概念フレームワーク」は，企業会計（特に財務会計）の基礎にある前提や概念を体系化したものであり，会計基準の概念的な基礎を提供するものである。

「概念フレームワーク」は，将来の基準開発に指針を与える役割も有するため，その内容には，現行の会計基準の一部を説明できないものが含まれていたり，いまだ基準化されていないものが含まれている。

「概念フレームワーク」は，個別具体的な会計基準ではなく，抽象的な概念をまとめたものであるが，会計基準に対する理解を深め，解釈するのに有用なものである。以下に「概念フレームワーク」の要点をまとめておく。

(注)「概念フレームワーク」は，テキストⅢで学習する「企業結合会計」および「連結会計」についても言及しているが，本テキストの以下の記述では，通常の個別会計を前提にしている。

２．財務報告の目的

(1) ディスクロージャー制度と財務報告の目的

財務報告の目的は，投資家の意思決定に資するディスクロージャー制度の一環として，「投資のポジション（ストック）」とその成果（フロー）を測定して開示することである。

(注) 従来は「投資のポジション」に類似する用語として「財政状態」という用語が用いられていたが，この用語は，多義的に用いられるため，「概念フレームワーク」では，新たに抽象的な概念レベルで使用する用語として「投資のポジション」という用語を用いている。

３．会計情報の質的特性

(1) 会計情報の基本的な特性：意思決定有用性

財務報告の目的は，企業価値評価の基礎となる情報，つまり投資家が将来キャッシュ・フローを予測するのに役立つ企業成果等を開示することである。この目的を達成するにあたり，会計情報に求められる最も基本的な特性は，意思決定有用性である。すなわち，会計情報には，投資家が企業の不確実な成果を予測するのに有用であることが期待されている。

意思決定有用性は，意思決定目的に関連する情報であること（意思決定との関連性）と，一定の水準で信頼できる情報であること（信頼性）の2つの下位の特性により支えられている。さらに内的整合性と比較可能性が，それら3者の階層を基礎から支えると同時に，必要条件ないし閾限界として機能する。

(2) 意思決定有用性を支える特性

① 意思決定との関連性

意思決定との関連性とは，会計情報が将来の投資の成果についての予測に関連する内容を含んでおり，企業価値の推定を通じた投資家の意思決定に積極的な影響を与えて貢献することを指す。

意思決定との関連性は，さらに，情報価値の存在（投資家の予測や行動がその情報の入手により改善されること）と情報ニーズの充足（投資家による情報ニーズに応えること）という2つの特性に支えられている。

② **信頼性**

　信頼性とは，会計情報が信頼に足る情報であることを指す。信頼性は，中立性（一部の関係者の利害だけを偏重しないこと）・検証可能性（測定者の主観に左右されない事実にもとづくこと）・表現の忠実性（事実と会計上の分類項目との明確な対応関係があること）などに支えられている。

(3) 一般的制約となる特性

① **内的整合性**

　会計情報が利用者の意思決定にとって有用であるためには，会計情報を生み出す会計基準が内的整合性を満たしていなければならない。会計基準は少数の基礎概念に支えられた1つの体系をなしており，意思決定有用性がその体系の目標仮説となっている。一般に，ある個別の会計基準が，会計基準全体を支える基本的な考え方と矛盾しないとき，その個別基準は内的整合性を有しており，その個別基準にしたがって作成される会計情報は有用であると推定される。

② **比較可能性**

　会計情報が利用者の意思決定にとって有用であるためには，会計情報には比較可能性がなければならない。ここで比較可能性とは，同一企業の会計情報を時系列で比較する場合，あるいは，同一時点の会計情報を企業間で比較する場合，それらの比較に障害とならないように会計情報が作成されていることを要請するものである。

【会計情報の質的特性】

　会計情報の質的特性の関係をまとめると次のようになる。

(1)	基本的な特性	意思決定有用性	
(2)	意思決定有用性 を支える特性	① 意思決定との関連性 　・情報価値の存在 　・情報ニーズの充足	② 信頼性 　・中立性 　・検証可能性 　・表現の忠実性
(3)	一般的制約となる特性	① 内的整合性	② 比較可能性

4. 財務諸表の構成要素

(1) 資産

　資産とは，過去の取引または事象の結果として，報告主体が支配している経済的資源をいう。

(注) ここでいう支配とは，所有権の有無にかかわらず，報告主体が経済的資源を利用し，そこから生み出される便益を享受できる状態をいう。経済的資源とは，キャッシュの獲得に貢献する便益の源泉をいい，実物財に限らず，金融資産およびそれらとの同等物を含む。経済資源は市場での処分可能性を有する場合もあれば，そうでない場合もある。一般に繰延費用と呼ばれてきたものでも，将来の便益が得られると期待できるものであれば，それは，資産の定義には必ずしも反していない。その資産の計上がもし否定されるとしたら，資産の定義によるのではなく，認識・測定の要件または制約によるものである。

(2) 負債

　負債とは，過去の取引または事象の結果として，報告主体が支配している経済的資源を放棄もしくは引き渡す義務またはその同等物をいう。

(注) ここでいう義務の同等物には，法律上の義務に準じるものが含まれる。なお，繰延収益は，「概念フレームワーク」では，原則として，純資産のうち株主資本以外の部分になるとしている。

(3) 純資産

　純資産とは，資産と負債の差額をいう。純資産は，株主資本と株主資本以外の部分に区別される。

(4) 株主資本

　株主資本とは，純資産のうち報告主体の所有者である株主に帰属する部分をいう。

(5) 包括利益

　包括利益とは，特定期間における純資産の変動額のうち，報告主体の所有者である株主および将来株主になり得るオプションの所有者との直接的な取引によらない部分をいう。

　(注) 直接的な取引の典型例は，増資による株主持分の増加，新株予約権の発行などである。

(6) 純利益

　純利益とは，特定期間の期末までに生じた純資産の変動額（報告主体の所有者である株主および将来株主になり得るオプションの所有者との直接的な取引による部分を除く）のうち，その期間中にリスクから解放された投資の成果であって，報告主体の所有者に帰属する部分をいう。純利益は，純資産のうちもっぱら株主資本だけを増減させる。

　純利益は，収益から費用を控除して求められる。

(7) 包括利益と純利益との関係

　包括利益のうち，①投資のリスクから解放されていない部分を除き，②過年度に計上された包括利益のうち期中に投資のリスクから解放された部分を加えると，純利益が求められる。

　(注) ②の過年度に計上された包括利益のうち期中に投資のリスクから解放された部分を加えることをリサイクリングという。また，このリサイクリングに伴う調整項目と①の要素をあわせて，その他の包括利益という。その他の包括利益は，純資産のうちもっぱら株主資本以外の部分（その他の包括利益累計額または評価・換算差額等）を増減させる。

(8) 収　益

　収益とは，純利益を増加させる項目であり，特定期間の期末までに生じた資産の増加や負債の減少に見合う額のうち，投資のリスクから解放された部分である。

　(注) 収益は，多くの場合，同時に資産の増加や負債の減少を伴うが，そうでないケースには，純資産を構成する項目間の振替えと同時に収益が計上される場合（新株予約権が失効した場合や過年度の包括利益をリサイクリングした場合など）がある。

(9) 費　用

　費用とは，純利益を減少させる項目であり，特定期間の期末までに生じた資産の減少や負債の増加に見合う額のうち，投資のリスクから解放された部分である。

　(注) 費用は，多くの場合，同時に資産の減少や負債の増加を伴うが，そうでないケースには，純資産を構成する項目間の振替えと同時に費用が計上される場合（過年度の包括利益をリサイクリングした場合など）がある。

(10) 投資のリスクからの解放

　「概念フレームワーク」では，純利益を定義する上で，「投資のリスクから解放された」という表現を用いている。投資のリスクとは，投資の成果の不確定性であるから，キャッシュ（現金およびその同等物）の獲得などによって，成果が事実となれば，それはリスクから解放されることになる。

【財務諸表の構成要素】

　株主およびオプションの所有者との直接的な取引がなく，リサイクリングもなかったものとすると，財務諸表の構成要素および財務諸表の関係は次のようになる。なお，金額は仮のものとする。

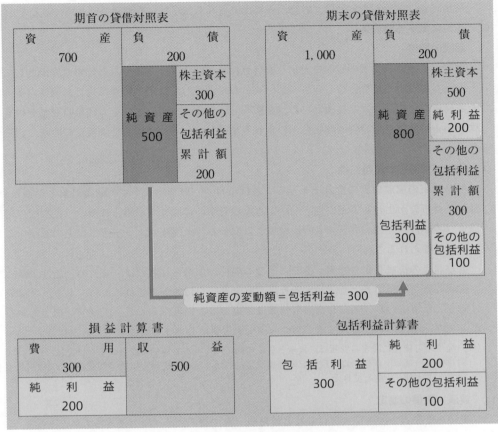

① 　期首の純資産500円と期末の純資産800円との差額で求めた純資産の変動額300円が包括利益となる。

② 　包括利益300円のうち投資のリスクから解放された部分200円が純利益となる。純利益は純資産のうち株主資本を増減させる。なお，純利益200円は損益計算書（または損益及び包括利益計算書）において，収益500円と費用300円の差額で求められる。

③ 　包括利益300円のうち投資のリスクから解放されていない部分100円がその他の包括利益となる。その他の包括利益は純資産のうちその他の包括利益累計額を増減させる。なお，包括利益300円は包括利益計算書（または損益及び包括利益計算書）において，純利益200円にその他の包括利益100円を加算して求められる。

　　(注) その他の包括利益には，純資産直入された「その他有価証券評価差額金」や「繰延ヘッジ損益」などが含まれる。その他の包括利益および包括利益計算書（または損益及び包括利益計算書）については，テキストⅡおよびテキストⅢで詳しく学習する。

5．財務諸表における認識と測定

(1) 認識および測定の定義

財務諸表における認識とは，構成要素を財務諸表の本体に計上することをいう。

財務諸表における測定とは，財務諸表に計上される諸項目に貨幣額を割り当てることをいう。

(2) 認識に関する制約条件

① 認識の契機

財務諸表の構成要素の定義を充足した各種項目の認識は，基礎となる契約の原則として少なくとも一方の履行が契機となる。さらに，いったん認識した資産・負債に生じた価格の変動も，新たな構成要素を認識する契機となる。金融商品への投資について，その純額の変動そのものがリスクから解放された投資の成果とみなされる場合には，その変動額を未履行の段階で認識することもある。

② 認識に求められる蓋然性

財務諸表の構成要素の定義を充足した各種項目が，財務諸表上での認識対象となるためには，前述した事象が生じることに加え，一定程度の発生の可能性が求められる。一定程度の発生の可能性（蓋然性）とは，財務諸表の構成要素に関わる将来事象が，一定水準以上の確からしさで生じると見積られることをいう。

財務諸表の構成要素を認識する際に前項の要件が求められるのは，発生の可能性が極めて乏しい構成要素を財務諸表上で認識すると，誤解をまねく情報が生まれるからである。とはいえ，逆に確定した事実のみに依拠した会計情報は有用ではないとみるのも，伝統的な通念である。発生の可能性を問題にする場合には，2つの相反する要請のバランスを考えなければならない。

(注) 発生の可能性に関する判断は，資産と負債の間で必ずしも対称的になされるわけではない。こうした非対称性の一部は，伝統的に，投資家の意思決定に有用な情報の提供とは別の観点から保守性または保守的思考とよばれ，定着してきた。

(3) 資産・負債の測定

資産および負債の測定に用いられる貨幣額（測定値）には，次のようなものがある。

資産の測定	負債の測定
① 取得原価	① 支払予定額
② 市場価格	② 現金受入額
③ 割引価値	③ 割引価値
④ 入金予定額	④ 市場価格

(注) 試験に必要なものについては，今後のテーマで詳しく学習する。

(4) 収益・費用の測定

収益および費用の測定に用いられる貨幣額（測定値）には，次のようなものがある。

費用の測定	収益の測定
① 交換に着目した費用の測定（財やサービスを第三者に引き渡すことで犠牲にした対価としての資産の減少または負債の増加により測定） ② 市場価格の不利な変動に着目した費用の測定 ③ 契約の部分的な履行に着目した費用の測定（時の経過による支払利息など。履行された割合を契約額に乗じて測定） ④ 利用の事実に着目した費用の測定（減価償却費など。減少した資産の測定値によって測定）	① 交換に着目した収益の測定（財やサービスを第三者に引き渡すことで獲得した対価としての資産の増加または負債の減少により測定） ② 市場価格の有利な変動に着目した収益の測定 ③ 契約の部分的な履行に着目した収益の測定（時の経過による受取利息など。履行された割合を契約額に乗じて測定）

（注）試験に必要なものについては，今後のテーマで詳しく学習する。

9 会計方針の開示，会計上の変更及び誤謬の訂正に関する会計基準 　理論 Theory

「会計方針の開示，会計上の変更及び誤謬の訂正に関する会計基準」

範 囲

3．本会計基準は，会計方針の開示，会計上の変更及び過去の誤謬の訂正に関する会計処理及び開示について適用する。

用語の定義

4．本会計基準における用語の定義は次のとおりとする。

(1)「会計方針」とは，財務諸表の作成にあたって採用した会計処理の原則及び手続をいう。

(2)「表示方法」とは，財務諸表の作成にあたって採用した表示の方法（注記による開示も含む。）をいい，財務諸表の科目分類，科目配列及び報告様式が含まれる。

(3)「会計上の見積り」とは，資産及び負債や収益及び費用等の額に不確実性がある場合において，財務諸表作成時に入手可能な情報に基づいて，その合理的な金額を算出することをいう。

(4)「会計上の変更」とは，会計方針の変更，表示方法の変更及び会計上の見積りの変更をいう。過去の財務諸表における誤謬の訂正は，会計上の変更には該当しない。

(5)「会計方針の変更」とは，従来採用していた一般に公正妥当と認められた会計方針から他の一般に公正妥当と認められた会計方針に変更することをいう。

(6) 「表示方法の変更」とは，従来採用していた一般に公正妥当と認められた表示方法から他の一般に公正妥当と認められた表示方法に変更することをいう。

(7) 「会計上の見積りの変更」とは，新たに入手可能となった情報に基づいて，過去に財務諸表を作成する際に行った会計上の見積りを変更することをいう。

(8) 「誤謬」とは，原因となる行為が意図的であるか否かにかかわらず，財務諸表作成時に入手可能な情報を使用しなかったことによる，又はこれを誤用したことによる，次のような誤りをいう。

  ① 財務諸表の基礎となるデータの収集又は処理上の誤り

  ② 事実の見落としや誤解から生じる会計上の見積りの誤り

  ③ 会計方針の適用の誤り又は表示方法の誤り

(9) 「遡及適用」とは，新たな会計方針を過去の財務諸表に遡って適用していたかのように会計処理することをいう。

(10) 「財務諸表の組替え」とは，新たな表示方法を過去の財務諸表に遡って適用していたかのように表示を変更することをいう。

(11) 「修正再表示」とは，過去の財務諸表における誤謬の訂正を財務諸表に反映することをいう。

会計上の取扱い

会計方針の開示の取扱い

開示目的

4-2．重要な会計方針に関する注記の開示目的は，財務諸表を作成するための基礎となる事項を財務諸表利用者が理解するために，採用した会計処理の原則及び手続の概要を示すことにある。この開示目的は，会計処理の対象となる会計事象や取引（以下「会計事象等」という。）に関連する会計基準等（適用指針第5項の会計基準等をいう。以下同じ。）の定めが明らかでない場合に，会計処理の原則及び手続を採用するときも同じである。

4-3．前項において関連する会計基準等の定めが明らかでない場合とは，特定の会計事象等に対して適用し得る具体的な会計基準等の定めが存在しない場合をいう。

重要な会計方針に関する注記

4-4．財務諸表には，重要な会計方針を注記する。

4-5．会計方針の例としては，次のようなものがある。ただし，重要性の乏しいものについては，注記を省略することができる。

(1) 有価証券の評価基準及び評価方法

(2) 棚卸資産の評価基準及び評価方法

(3) 固定資産の減価償却の方法

(4) 繰延資産の処理方法

(5) 外貨建資産及び負債の本邦通貨への換算基準

(6) 引当金の計上基準

(7) 収益及び費用の計上基準

4-6．会計基準等の定めが明らかであり，当該会計基準等において代替的な会計処理の原則及び手続が認められていない場合には，会計方針に関する注記を省略することができる。

会計方針の変更の取扱い
会計方針の変更の分類

5．会計方針は，正当な理由により変更を行う場合を除き，毎期継続して適用する。正当な
理由により変更を行う場合は，次のいずれかに分類される。

(1)　会計基準等の改正に伴う会計方針の変更

　　会計基準等の改正によって特定の会計処理の原則及び手続が強制される場合や，従来
認められていた会計処理の原則及び手続を任意に選択する余地がなくなる場合など，会
計基準等の改正に伴って会計方針の変更を行うことをいう。会計基準等の改正には，既
存の会計基準等の改正又は廃止のほか，新たな会計基準等の設定が含まれる。

　　なお，会計基準等に早期適用の取扱いが定められており，これを適用する場合も，会
計基準等の改正に伴う会計方針の変更として取り扱う。

(2)　(1)以外の正当な理由による会計方針の変更

　　正当な理由に基づき自発的に会計方針の変更を行うことをいう。

会計方針の変更に関する原則的な取扱い

6．会計方針の変更に関する原則的な取扱いは，次のとおりとする。

(1)　会計基準等の改正に伴う会計方針の変更の場合

　　会計基準等に特定の経過的な取扱い（適用開始時に遡及適用を行わないことを定めた
取扱いなどをいう。以下同じ。）が定められていない場合には，新たな会計方針を過去
の期間のすべてに遡及適用する。会計基準等に特定の経過的な取扱いが定められている
場合には，その経過的な取扱いに従う。

(2)　(1)以外の正当な理由による会計方針の変更の場合

　　新たな会計方針を過去の期間のすべてに遡及適用する。

7．前項に従って新たな会計方針を遡及適用する場合には，次の処理を行う。

(1)　表示期間（当期の財務諸表及びこれに併せて過去の財務諸表が表示されている場合
の，その表示期間をいう。以下同じ。）より前の期間に関する遡及適用による累積的影
響額は，表示する財務諸表のうち，最も古い期間の期首の資産，負債及び純資産の額に
反映する。

(2)　表示する過去の各期間の財務諸表には，当該各期間の影響額を反映する。

原則的な取扱いが実務上不可能な場合の取扱い
（遡及適用が実務上不可能な場合）

8．遡及適用が実務上不可能な場合とは，次のような状況が該当する。

(1)　過去の情報が収集・保存されておらず，合理的な努力を行っても，遡及適用による影
響額を算定できない場合

(2)　遡及適用にあたり，過去における経営者の意図について仮定することが必要な場合

(3)　遡及適用にあたり，会計上の見積りを必要とするときに，会計事象等が発生した時点
の状況に関する情報について，対象となる過去の財務諸表が作成された時点で入手可
能であったものと，その後判明したものとに，客観的に区別することが時の経過により
不可能な場合

（原則的な取扱いが実務上不可能な場合の取扱い）

9. 遡及適用の原則的な取扱いが実務上不可能な場合の取扱いは，次のとおりとする。

 (1) 当期の期首時点において，過去の期間のすべてに新たな会計方針を遡及適用した場合の累積的影響額を算定することはできるものの，表示期間のいずれかにおいて，当該期間に与える影響額を算定することが実務上不可能な場合には，遡及適用が実行可能な最も古い期間（これが当期となる場合もある。）の期首時点で累積的影響額を算定し，当該期首残高から新たな会計方針を適用する。

 (2) 当期の期首時点において，過去の期間のすべてに新たな会計方針を遡及適用した場合の累積的影響額を算定することが実務上不可能な場合には，期首以前の実行可能な最も古い日から将来にわたり新たな会計方針を適用する。

会計方針の変更に関する注記

（会計基準等の改正に伴う会計方針の変更）

10. 会計基準等の改正に伴う会計方針の変更の場合（第5項(1)参照）で，当期又は過去の期間に影響があるとき，又は将来の期間に影響を及ぼす可能性があるときは，当期において，次の事項を注記する。なお，(3)から(7)については，(5)ただし書きに該当する場合を除き，連結財務諸表における注記と個別財務諸表における注記が同一であるときには，個別財務諸表においては，その旨の記載をもって代えることができる。

 (1) 会計基準等の名称

 (2) 会計方針の変更の内容

 (3) 経過的な取扱いに従って会計処理を行った場合，その旨及び当該経過的な取扱いの概要

 (4) 経過的な取扱いが将来に影響を及ぼす可能性がある場合には，その旨及び将来への影響。ただし，将来への影響が不明又はこれを合理的に見積ることが困難である場合には，その旨

 (5) 表示期間のうち過去の期間について，影響を受ける財務諸表の主な表示科目に対する影響額及び1株当たり情報に対する影響額。ただし，経過的な取扱いに従って会計処理を行った場合並びに前項(1)又は(2)に該当する場合で，表示する過去の財務諸表について遡及適用を行っていないときには，表示期間の各該当期間において，実務上算定が可能な，影響を受ける財務諸表の主な表示科目に対する影響額及び1株当たり情報に対する影響額

 (6) 表示されている財務諸表のうち，最も古い期間の期首の純資産の額に反映された，表示期間より前の期間に関する会計方針の変更による遡及適用の累積的影響額。ただし，前項(1)に該当する場合は，累積的影響額を反映させた期におけるその金額。前項(2)に該当する場合は，その旨

 (7) 原則的な取扱いが実務上不可能な場合（前項参照）には，その理由，会計方針の変更の適用方法及び適用開始時期

（その他の会計方針の変更）

11. 会計基準等の改正に伴う会計方針の変更以外の正当な理由による会計方針の変更の場合（第5項(2)参照）で，当期又は過去の期間に影響があるとき，又は将来の期間に影響

を及ぼす可能性があるときは，当期において，次の事項を注記する。なお，(2)から(5)については，(3)ただし書きに該当する場合を除き，連結財務諸表における注記と個別財務諸表における注記が同一であるときには，個別財務諸表においては，その旨の記載をもって代えることができる。

(1) 会計方針の変更の内容

(2) 会計方針の変更を行った正当な理由

(3) 表示期間のうち過去の期間について，影響を受ける財務諸表の主な表示科目に対する影響額及び1株当たり情報に対する影響額。ただし，第9項(1)又は(2)に該当する場合で，表示する過去の財務諸表について遡及適用を行っていないときには，表示期間の各該当期間において，実務上算定が可能な，影響を受ける財務諸表の主な表示科目に対する影響額及び1株当たり情報に対する影響額

(4) 表示されている財務諸表のうち，最も古い期間の期首の純資産の額に反映された，表示期間より前の期間に関する会計方針の変更による遡及適用の累積的影響額。ただし，第9項(1)に該当する場合は，累積的影響額を反映させた期におけるその金額。第9項(2)に該当する場合は，その旨

(5) 原則的な取扱いが実務上不可能な場合（第9項参照）には，その理由，会計方針の変更の適用方法及び適用開始時期

表示方法の変更の取扱い

表示方法の変更に関する原則的な取扱い

13. 表示方法は，次のいずれかの場合を除き，毎期継続して適用する。

(1) 表示方法を定めた会計基準又は法令等の改正により表示方法の変更を行う場合

(2) 会計事象等を財務諸表により適切に反映するために表示方法の変更を行う場合

14. 財務諸表の表示方法を変更した場合には，原則として表示する過去の財務諸表について，新たな表示方法に従い財務諸表の組替えを行う。

原則的な取扱いが実務上不可能な場合の取扱い

15. 表示する過去の財務諸表のうち，表示方法の変更に関する原則的な取扱いが実務上不可能な場合には，財務諸表の組替えが実行可能な最も古い期間から新たな表示方法を適用する。なお，財務諸表の組替えが実務上不可能な場合とは，第8項に示されたような状況が該当する。

表示方法の変更に関する注記

16. 表示方法の変更を行った場合には，次の事項を注記する。ただし，(2)から(4)については，連結財務諸表における注記と個別財務諸表における注記が同一である場合には，個別財務諸表においては，その旨の記載をもって代えることができる。

(1) 財務諸表の組替えの内容

(2) 財務諸表の組替えを行った理由

(3) 組替えられた過去の財務諸表の主な項目の金額

(4) 原則的な取扱いが実務上不可能な場合（前項参照）には，その理由

会計上の見積りの変更の取扱い

会計上の見積りの変更に関する原則的な取扱い

17．会計上の見積りの変更は，当該変更が変更期間のみに影響する場合には，当該変更期間に会計処理を行い，当該変更が将来の期間にも影響する場合には，将来にわたり会計処理を行う。

会計上の見積りの変更に関する注記

18．会計上の見積りの変更を行った場合には，次の事項を注記する。

(1) 会計上の見積りの変更の内容

(2) 会計上の見積りの変更が，当期に影響を及ぼす場合は当期への影響額。当期への影響がない場合でも将来の期間に影響を及ぼす可能性があり，かつ，その影響額を合理的に見積ることができるときには，当該影響額。ただし，将来への影響額を合理的に見積ることが困難な場合には，その旨

会計方針の変更を会計上の見積りの変更と区別することが困難な場合の取扱い

19．会計方針の変更を会計上の見積りの変更と区別することが困難な場合については，会計上の見積りの変更と同様に取り扱い，遡及適用は行わない。ただし，注記については，第11項(1)，(2)及び前項(2)に関する記載を行う。

20．有形固定資産等の減価償却方法及び無形固定資産の償却方法は，会計方針に該当するが，その変更については前項により取り扱う。

過去の誤謬の取扱い

過去の誤謬に関する取扱い

21．過去の財務諸表における誤謬が発見された場合には，次の方法により修正再表示する。

(1) 表示期間より前の期間に関する修正再表示による累積的影響額は，表示する財務諸表のうち，最も古い期間の期首の資産，負債及び純資産の額に反映する。

(2) 表示する過去の各期間の財務諸表には，当該各期間の影響額を反映する。

過去の誤謬に関する注記

22．過去の誤謬の修正再表示を行った場合には，次の事項を注記する。

(1) 過去の誤謬の内容

(2) 表示期間のうち過去の期間について，影響を受ける財務諸表の主な表示科目に対する影響額及び1株当たり情報に対する影響額

(3) 表示されている財務諸表のうち，最も古い期間の期首の純資産の額に反映された，表示期間より前の期間に関する修正再表示の累積的影響額

未適用の会計基準等に関する注記

22－2．既に公表されているものの，未だ適用されていない新しい会計基準等がある場合には，次の事項を注記する。なお，連結財務諸表で注記を行っている場合は，個別財務諸表での注記を要しない。

(1) 新しい会計基準等の名称及び概要

(2) 適用予定日（早期適用する場合には早期適用予定日）に関する記述

(3) 新しい会計基準等の適用による影響に関する記述

1. 用語の定義

会 計 方 針	財務諸表の作成にあたって採用した会計処理の原則および手続きをいう。（注1）
表 示 方 法	財務諸表の作成にあたって採用した表示の方法（注記による開示を含む。）をいい，財務諸表の科目分類，科目配列および報告様式が含まれる。
会 計 上 の 見 積 り	資産および負債や収益および費用などの額に不確実性がある場合において，財務諸表作成時に入手可能な情報にもとづいて，その合理的な金額を算出することをいう。（注2）
会 計 上 の 変 更	会計方針の変更，表示方法の変更および会計上の見積りの変更をいう。過去の財務諸表における誤謬の訂正は，会計上の変更には該当しない。
会 計 方 針 の 変 更	従来採用していた一般に公正妥当と認められた会計方針から他の一般に公正妥当と認められた会計方針に変更することをいう。
表 示 方 法 の 変 更	従来採用していた一般に公正妥当と認められる表示方法から他の一般に公正妥当と認められる表示方法に変更することをいう。
会 計 上 の 見 積 り の 変 更	新たに入手可能となった情報にもとづいて，過去の財務諸表を作成する際に行った会計上の見積りを変更することをいう。
誤 謬	原因となる行為が意図的であるか否かにかかわらず，財務諸表作成時に入手可能な情報を使用しなかったことによる，または，これを誤用したことによる誤りをいう。（注3）
遡 及 適 用	新たな会計方針を過去の財務諸表に遡って適用していたかのように会計処理することをいう。（注4）
財 務 諸 表 の 組 替 え	新たな表示方法を過去の財務諸表に遡って適用していたかのように表示を変更することをいう。（注4）
修 正 再 表 示	過去の財務諸表における誤謬の訂正を財務諸表に反映することをいう。（注4）

（注1）会計方針の例
    ① 棚卸資産の評価方法（先入先出法，平均原価法など）
    ② 減価償却費の計算方法（定額法，定率法など）

（注2）会計上の見積りの例
    ① 引当金の見積額
    ② 有形固定資産の耐用年数

（注3）誤謬の例
    ① 採用している会計処理の原則または手続き以外の方法で誤って処理した場合
    ② 得意先が破産している事実を知らずに貸倒引当金を設定したため，多額の引当不足が生じた場合

（注4）遡及適用，財務諸表の組替え，修正再表示など過去の財務諸表に遡って処理することをまとめて「遡及処理」という。

2. 原則的な取扱い

会計上の変更および過去の誤謬の訂正があった場合の原則的な取扱いは，次のとおりである。

		原則的な取扱い	
会計上の変更	会 計 方 針 の 変 更	遡及処理する	遡及適用
	表 示 方 法 の 変 更		財務諸表の組替え
	会計上の見積りの変更	遡及処理しない	当期または当期以後の財務諸表に反映させる
過 去 の 誤 謬 の 訂 正		遡及処理する	修正再表示

（注１）会計基準等の改正に伴う会計方針の変更で，かつ，会計基準等に特定の経過的な取扱いが定められている場合には，その経過的な取扱いに従う。

（注２）遡及適用または修正再表示する場合には，表示する過去の各期間の財務諸表には，各期間の影響額を反映する。また，表示期間より前の期間に関する遡及適用または修正再表示による累積的影響額は，表示する財務諸表のうち，最も古い期間の期首の資産，負債および純資産の額に反映する。

（注３）会計方針の変更を会計上の見積りの変更と区別することが困難な場合には，会計上の見積りの変更と同様に取り扱い，遡及適用は行わない。

（注４）有形固定資産等の減価償却方法および無形固定資産の償却方法は，会計方針に該当するが，その変更については，会計上の見積りの変更と同様に取り扱い，遡及適用は行わない。

3. 会計方針の変更

会計方針の変更を行った場合，新たな会計方針を過去の財務諸表に遡って適用していたかのように会計処理を変更する。具体的には，表示する過去の各期間の財務諸表には，当該各期間の影響額を反映し，表示期間より前の期間に関する累積的影響額は，表示する財務諸表のうち，最も古い期間の期首の資産，負債および純資産の額に反映する。

設例 1-2

次の資料にもとづいて，各期における財務諸表（一部）を完成しなさい。なお，当社の決算日は毎年３月31日（会計期間は１年）であり，当社は，２期分の財務諸表を開示している。また，税効果会計は考慮しないものとする。

（資　料）

1. 当社は，通常の販売目的で保有する商品の評価方法を総平均法により行っている。第１期および第２期における売上高および総平均法を適用した場合の売上原価および商品の金額は次のとおりである。

	売 上 高	総平均法	
		売上原価	商　　品
第 1 期	75,000円	56,000円	4,000円
第 2 期	80,000円	68,000円	5,000円

2．当社は，第3期決算において，通常の販売目的で保有する商品の評価方法を総平均法から先入先出法に変更した。当該変更に関しては，過去の会計期間から遡及処理を実施する。売上高および総平均法を適用した場合と先入先出法を遡及適用した場合の売上原価および商品の金額は次のとおりである。

	売 上 高	総平均法		先入先出法	
		売上原価	商 品	売上原価	商 品
第 1 期	75,000円	56,000円	4,000円	55,400円	4,600円
第 2 期	80,000円	68,000円	5,000円	68,200円	5,400円
第 3 期	95,000円	80,000円	6,000円	80,300円	6,100円

3．第2期期首における繰越利益剰余金は300円（遡及前）であった。

【解 答】

1．第1期における財務諸表（一部）

当期（第1期）
P／L
売 上 高　75,000円
売 上 原 価　56,000円
売上総利益　19,000円
B／S
商　　　品　4,000円

2．第2期における財務諸表（一部）

前期（第1期）
P／L
売 上 高　75,000円
売 上 原 価　56,000円
売上総利益　19,000円
B／S
商　　　品　4,000円

当期（第2期）
P／L
売 上 高　80,000円
売 上 原 価　68,000円
売上総利益　12,000円
B／S
商　　　品　5,000円

3．第3期における財務諸表（一部）

前期（第2期）
P／L
売 上 高　80,000円
売 上 原 価　68,200円
売上総利益　11,800円
B／S
商　　　品　5,400円

当期（第3期）
P／L
売 上 高　95,000円
売 上 原 価　80,300円
売上総利益　14,700円
B／S
商　　　品　6,100円

【解　説】
1．第1期および第2期における財務諸表

　　第1期および第2期に開示する財務諸表は，総平均法により作成する。

2．第3期における財務諸表

　　第3期に開示する財務諸表は，先入先出法を遡及適用して作成する。

⑴　総平均法による場合

前々期（第1期）
P／L
売　上　高　　75,000円
売　上　原　価　　56,000円
売上総利益　　19,000円
B／S
商　　　　品　　4,000円

前期（第2期）
P／L
売　上　高　　80,000円
売　上　原　価　　68,000円
売上総利益　　12,000円
B／S
商　　　　品　　5,000円

当期（第3期）
P／L
売　上　高　　95,000円
売　上　原　価　　80,000円
売上総利益　　15,000円
B／S
商　　　　品　　6,000円

⑵　先入先出法を遡及適用した場合←本問

前々期（第1期）
P／L
売　上　高　　75,000円
売　上　原　価　　55,400円
売上総利益　　19,600円
B／S
商　　　　品　　4,600円

前期（第2期）
P／L
売　上　高　　80,000円
売　上　原　価　　**68,200円**
売上総利益　　**11,800円**
B／S
商　　　　品　　**5,400円**

当期（第3期）
P／L
売　上　高　　95,000円
売　上　原　価　　**80,300円**
売上総利益　　**14,700円**
B／S
商　　　　品　　**6,100円**

注記
会計方針の変更に伴い，従来の方法より利益が200円減少している。
➡売上原価（費用）が68,000円から68,200円に200円増加＝利益の減少

注記
会計方針の変更に伴い，従来の方法より利益が300円減少している。
➡売上原価（費用）が80,000円から80,300円に300円増加＝利益の減少

会計方針の変更により株主資本等変動計算書の繰越利益剰余金の期首残高が600円増加している。

⇩

株主資本等変動計算書

繰越利益剰余金	
当期首残高	300円
会計方針の変更による累積的影響額	**600円**^{（注）}
遡及処理後の当期首残高	**900円**

（注）第3期には，第1期の財務諸表を開示しないため，第1期の遡及適用は，第2期の株主資本等変
動計算書の繰越利益剰余金の当期首残高を修正する。

第1期の売上原価（費用）が56,000円から55,400円に600円減少⇨利益の増加
　　または，
第1期の商品が4,000円から4,600円に600円増加⇨利益の増加と考える。

02 商品売買の会計処理と原価率・利益率
Theme

Check ここでは，商品売買の会計処理と原価率・利益率について学習する。

1 売上総利益（商品売買益）と売上原価の計算

1. 売上総利益（商品売買益）の計算

売上総利益（商品売買益）は，売上高から売上原価を控除して表示する。売上総利益は，一会計期間の販売活動により得られた利益（粗利）であり，企業の販売成績を明らかにするものである。

> 売上高 − 売上原価 ＝ 売上総利益（商品売買益）

2. 売上原価の計算

売上原価とは，一会計期間に販売された商品の原価をいい，期首および期末に商品の在庫がある場合には，次の計算式により求める。

> 売上原価 ＝ 期首商品棚卸高 ＋ 当期商品仕入高 − 期末商品棚卸高

この計算式を図（原価ボックス）で表すと，次のようになる。

原価ボックス

期首商品棚卸高	売　上　原　価
当期商品仕入高	⇐貸借差額により求める
	期末商品棚卸高

原価ボックスは，商品売買の問題を解くうえで非常に重要なものであるから，書き方をしっかりと覚えてほしい。

2 商品売買の会計処理

1. 三分法（三分割法）

三分法（三分割法）は，商品の売買取引を「仕入（費用）」勘定，「売上（収益）」勘定，「繰越商品（資産）」勘定の3つの勘定を用いて記帳する方法である。

商品を仕入れたときにその商品の原価を「仕入」勘定で処理し，商品を販売したときには，販売した商品の売価を「売上」勘定で処理する。

なお，三分法では，決算整理前の「繰越商品」勘定の残高は期首商品棚卸高（原価）を表し，「仕入」勘定の残高は当期商品仕入高を表している。そこで，決算時に「繰越商品」勘定の残高が期末商品棚卸高（原価），「仕入」勘定の残高が売上原価になるように修正する。

〈例〉以下の取引について仕訳を示しなさい。なお，期首商品棚卸高は30円（原価）である。

1．商品（原価150円）を掛けで仕入れた。

　商品を仕入れたときにその商品の原価を「仕入」勘定で処理する。

（仕　　　　　入）	150	（買　掛　金）	150

2．商品（原価120円，売価200円）を掛けで販売した。

　商品を販売したときには，販売した商品の売価を「売上」勘定で処理する。

（売　掛　金）	200	（売　　　　　上）	200

なお，勘定記入（決算整理前）は次のとおりである。

3．決算日。期末商品（原価60円）には，棚卸減耗損および商品評価損は生じていない。

　決算整理前の「繰越商品」勘定の残高は期首商品棚卸高（原価）を表し，「仕入」勘定の残高は当期商品仕入高を表している。そこで，決算時に売上原価を算定するため，「仕入」勘定の残高が売上原価，「繰越商品」勘定の残高が期末商品棚卸高（原価）になるように修正する。

（仕　　　　　入）	30	（繰　越　商　品）	30
（繰　越　商　品）	60	（仕　　　　　入）	60

なお，勘定記入（決算整理後）は次のとおりである。

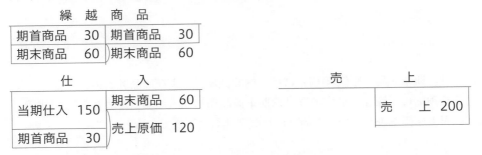

2. 売上原価対立法

　売上原価対立法（販売のつど売上原価勘定に振り替える方法）は，商品の売買取引を「商品（資産）」勘定，「売上（収益）」勘定，「売上原価（費用）」勘定の３つの勘定を用いて記帳する方法である。

　商品を仕入れたときにその商品の原価を「商品」勘定で処理し，商品を販売したときには，販売した商品の売価を「売上」勘定で処理するとともに，販売した商品の原価を「商品」勘定から「売上原価」勘定に振り替える。

　なお，売上原価対立法では，決算整理前の「商品」勘定の残高は期末商品棚卸高（原価）を表し，「売上原価」勘定の残高は売上原価を表しているため，決算整理仕訳は不要である。

　〈例〉以下の取引について仕訳を示しなさい。なお，期首商品棚卸高は30円（原価）である。

　1．商品（原価150円）を掛けで仕入れた。

　　　商品を仕入れたときにその商品の原価を「商品」勘定で処理する。

（商 品）	150	（買 掛 金）	150

　2．商品（原価120円，売価200円）を掛けで販売した。

　　　商品を販売したときには，販売した商品の売価を「売上」勘定で処理するとともに，販売した商品の原価を「商品」勘定から「売上原価」勘定に振り替える。

（売 掛 金）	200	（売 上）	200
（売 上 原 価）	120	（商 品）	120

　なお，勘定記入（決算整理前）は次のとおりである。

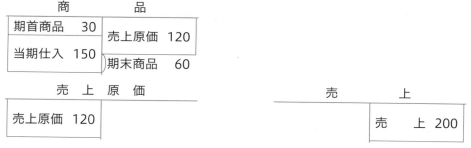

　3．決算日。期末商品（原価60円）には，棚卸減耗損および商品評価損は生じていない。

　　　決算整理前の「商品」勘定の残高は期末商品棚卸高（原価）を表し，「売上原価」勘定の残高は売上原価を表しているため，決算整理仕訳は不要である。

仕 訳 な し

3. 分記法

　分記法は，商品の売買取引を「商品（資産）」勘定と「商品売買益（収益）」勘定の2つの勘定を用いて記帳する方法である。

　商品を仕入れたときにその商品の原価を「商品」勘定で処理し，商品を販売したときには，販売した商品の原価（売上原価）を「商品」勘定の貸方に記入するとともに，原価と売価の差額を「商品売買益」勘定の貸方に記入する。

　なお，分記法では，決算整理前の「商品」勘定の残高は期末商品棚卸高（原価）を表し，「商品売買益」勘定の残高は売上総利益を表しているため，決算整理仕訳は不要である。

〈例〉以下の取引について仕訳を示しなさい。なお，期首商品棚卸高は30円（原価）である。

1．商品（原価150円）を掛けで仕入れた。

　　商品を仕入れたときにその商品の原価を「商品」勘定で処理する。

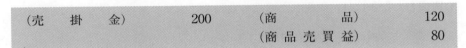

（商　　　　品）	150	（買　掛　金）	150

2．商品（原価120円，売価200円）を掛けで販売した。

　　商品を販売したときには，販売した商品の原価（売上原価）を「商品」勘定の貸方に記入するとともに，原価と売価の差額を「商品売買益」勘定の貸方に記入する。

（売　掛　金）	200	（商　　　　品）	120
		（商 品 売 買 益）	80

なお，勘定記入（決算整理前）は次のとおりである。

```
          商          品                  商 品 売 買 益
   期首商品   30                                    売 買 益   80
             売上原価 120
   当期仕入 150
             期末商品   60
```

3．決算日。期末商品（原価60円）には，棚卸減耗損および商品評価損は生じていない。

　　決算整理前の「商品」勘定の残高は期末商品棚卸高（原価）を表し，「商品売買益」勘定の残高は売上総利益を表しているため，決算整理仕訳は不要である。

仕　訳　な　し

（注）損益計算書においては，原則として，売上高から売上原価を控除して売上総利益を計算する形式で表示し，また，売上原価の内訳も表示しなければならない。

4. 総記法

総記法は，商品の売買取引を「商品（資産）」勘定と「商品売買益（収益）」勘定の2つの勘定を用いて記帳する方法である。

商品を仕入れたときにその商品の原価を「商品」勘定の借方に記入し，商品を販売したときには，販売した商品の売価（売上高）を「商品」勘定の貸方に記入する。

なお，総記法では，決算整理前の「商品」勘定の残高は，期首商品棚卸高（原価）と当期商品仕入高（原価）の合計と売上高（売価）の差額を表しており，その金額は単なる差額でしかない。そこで，決算時に売上総利益を計算し，「商品」勘定から「商品売買益」勘定へ振り替えることにより，「商品」勘定の残高期末商品棚卸高（原価）に修正するとともに，「商品売買益」勘定で売上総利益を把握する。

〈例〉以下の取引について仕訳を示しなさい。なお，期首商品棚卸高は30円（原価）である。

1. 商品（原価150円）を掛けで仕入れた。

   商品を仕入れたときにその商品の原価を「商品」勘定の借方に記入する。

（商 品）	150	（買 掛 金）	150

2. 商品（原価120円，売価200円）を掛けで販売した。

   商品を販売したときには，販売した商品の売価を「商品」勘定の貸方に記入する。

（売 掛 金）	200	（商 品）	200

   なお，勘定記入（決算整理前）は次のとおりである。

3. 決算日。期末商品（原価60円）には，棚卸減耗損および商品評価損は生じていない。

   決算整理前の「商品」勘定の残高は，期首商品棚卸高（原価）と当期商品仕入高（原価）の合計と売上高（売価）の差額を表しており，その金額は単なる差額でしかない。そこで，決算時に売上総利益を計算し，「商品」勘定から「商品売買益」勘定へ振り替えることにより，「商品」勘定の残高期末商品棚卸高（原価）に修正するとともに，「商品売買益」勘定で売上総利益を把握する。

（商 品）	80	（商 品 売 買 益）（＊）	80

（＊）60円〈期末商品（原価）〉＋20円（前T／B商品の貸方残高）＝80円

（注）損益計算書においては，原則として，売上高から売上原価を控除して売上総利益を計算する形式で表示し，また，売上原価の内訳も表示しなければならない。

なお，勘定記入（決算整理後）は次のとおりである。

```
        商        品                      商 品 売 買 益
売 買 益  80 │ 前T／B   20
           │ 期末商品  60                        売 買 益  80
```

【重　要】商品売買益の求め方

　総記法で記帳している場合には，決算時に商品売買益を求めなければならない。

　総記法による商品売買益は，期末商品（原価）が判明している場合には，次のように求めることができる。

(1)　「商品」勘定が貸方残高の場合

　　　　期末商品（原価）＋「商品」勘定の貸方残高＝商品売買益

(2)　「商品」勘定が借方残高の場合

　　　　期末商品（原価）－「商品」勘定の借方残高＝商品売買益

(3)　「商品」勘定がゼロの場合（決算整理前残高試算表に「商品」勘定がない場合）

　　　　期末商品（原価）＝商品売買益

(1)　「商品」勘定が貸方残高の場合	(2)　「商品」勘定が借方残高の場合

原価ボックス	売　上　高	原価ボックス	売　上　高
期首商品原価	売　上　原　価 ／ 売　上　原　価	期首商品原価	売　上　原　価 ／ 売　上　原　価
当期仕入原価	期末商品原価 ／ **商品売買益**	当期仕入原価	期末商品原価 ／ **商品売買益**
	貸方残高		借方残高

3　勘定分析

　簿記検定1級の試験では，各勘定の記入および勘定の連絡にもとづいて，不明金額を推定し解答する問題が出題されることがある。この場合には，資料から判明する各勘定の残高および取引の内容にもとづいて，関係する勘定を記入し，不明金額を各勘定の差額で推定したり，勘定の連絡にもとづいて，推定していくことになる。このような，各勘定の記入および勘定の連絡にもとづいた推定を勘定分析という。

　勘定分析では，損益項目をそれに関係する資産・負債の勘定から推定することが多く，以下のような勘定を使用して分析する。

損　益　項　目	関係する主な資産・負債の勘定
売　　　　　　　上	受取手形，売掛金，前受金
仕　　　　　　　入	支払手形，買掛金，前払金
販売費及び一般管理費	前払費用，未払費用

　次の資料にもとづいて，損益計算書（売上総利益まで）を完成しなさい。なお，商品売買については三分法で記帳している。

（資料１）期首試算表（一部）

期　首　試　算　表

×1年４月１日　　　　　　　（単位：円）

受 取 手 形	23,000	支 払 手 形	15,000
売 掛 金	50,000	買 掛 金	24,000
繰 越 商 品	15,000		

（資料２）期中取引

１．現金預金の増減に関する事項

（1）現金預金の増加

① 受取手形取立高　　104,000円

② 売掛金回収高　　　70,000円

（2）現金預金の減少

① 支払手形決済高　　　27,000円

② 買掛金支払高　　　　75,000円

２．手形の受入による売上高は72,000円，約束手形の振出による仕入高は36,000円である。

３．売掛金の手形の受入による回収高は54,000円であり，売掛金の期末残高は48,000円である。

４．買掛金の約束手形の振出による支払高は6,000円であり，買掛金の期末残高は28,000円である。

（資料３）決算整理

１．期末商品棚卸高は11,000円である。

【解　答】

損　益　計　算　書　　　　（単位：円）

Ⅰ	売　　　上　　　高		194,000
Ⅱ	売　上　原　価		
	1．期首商品棚卸高	15,000	
	2．当期商品仕入高	121,000	
	合　　　計	136,000	
	3．期末商品棚卸高	11,000	125,000
	売上総利益		69,000

【解　説】

1．売上高の推定

(1)　仕　訳（売上，受取手形，売掛金，前受金）

（現　金　預　金）	104,000	（受　取　手　形）	104,000
（現　金　預　金）	70,000	（売　　掛　　金）	70,000
（受　取　手　形）	72,000	（売　　　　　上）	72,000
（受　取　手　形）	54,000	（売　　掛　　金）	54,000
（売　　掛　　金）（＊）	122,000	（売　　　　　上）	122,000

（＊）売掛金勘定の貸借差額

(2)　勘定記入

売　　　　上	
売　　上 194,000	受取手形　72,000
	売 掛 金 122,000

売　　掛　　金	
期　　首　50,000	現金預金　70,000
売　　上 122,000	受取手形　54,000
	期　　末　48,000

受　取　手　形	
期　　首　23,000	現金預金 104,000
売　　上　72,000	
売 掛 金　54,000	期　　末　45,000

2．仕入高の推定

(1)　仕　訳（仕入，支払手形，買掛金，前払金）

（支　払　手　形）	27,000	（現　金　預　金）	27,000
（買　　掛　　金）	75,000	（現　金　預　金）	75,000
（仕　　　　　入）	36,000	（支　払　手　形）	36,000
（買　　掛　　金）	6,000	（支　払　手　形）	6,000
（仕　　　　　入）（＊）	85,000	（買　　掛　　金）	85,000

（＊）買掛金勘定の貸借差額

(2)　勘定記入

買　　掛　　金	
現金預金　75,000	期　　首　24,000
支払手形　6,000	仕　　入　85,000
期　　末　28,000	

仕　　　　入	
支払手形　36,000	仕　　入 121,000
買 掛 金　85,000	

支　払　手　形	
現金預金　27,000	期　　首　15,000
	仕　　入　36,000
期　　末　30,000	買 掛 金　6,000

3．売上原価の計算
⑴ 仕　訳

（仕		入）	15,000	（繰 越 商 品）			15,000
（繰 越 商 品）			11,000	（仕		入）	11,000

⑵ 勘定記入

仕　　入

整理前	121,000	繰越商品	11,000
繰越商品	15,000	売上原価	125,000

4 返品・割戻しと割引（仕入側の処理）

　ここでは，仕入側の処理を学習する。なお，売上側の処理については，「テーマ４」で学習する。

1．返品・割戻し
⑴ 内　容
　返品・割戻しの内容は，次に示すとおりである。

返　　品	品違いなどの理由による商品の返却をいい，「仕入戻し」という。
割 戻 し	一定期間に多額または多量の取引をしたときに行われる商品代金の返戻額をいい，「仕入割戻」という。

⑵ 会計処理
　返品・割戻しの会計処理は，次のとおりである。
① 三分法の場合
　⒜ 仕入時

（仕		入）	××	（買	掛	金）	××

　⒝ 返品時
　取引の取消しとする。

（買	掛	金）	××	（仕		入）	××

　⒞ 割戻時
　仕入原価の修正とする。

（買	掛	金）	××	（仕		入）	××

② 三分法以外（売上原価対立法・分記法・総記法）の場合

　(a)　仕入時

|（商　　　　品）|××|（買　　掛　　金）|××|

　(b)　返品時
　　　取引の取消しとする。

|（買　　掛　　金）|××|（商　　　　品）|××|

　(c)　割戻時
　　　仕入原価の修正とする。

|（買　　掛　　金）|××|（商　　　　品）|××|

(3)　損益計算書上の表示
　　損益計算書上の「当期商品仕入高」は，総仕入高（「仕入」勘定の借方に記入されている金額）から，仕入戻し・仕入割戻を控除した「純仕入高」を表示する。

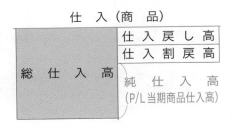

補足　**値引**

　値引とは，量目不足，品質不良，破損などの理由により，商品代金から控除される額をいい，「仕入値引」という。
　値引は，割戻しと同様に処理する。

Theme
02

商品売買の会計処理と原価率・利益率

2. 割 引

(1) 割引とは

割引とは，掛け代金の決済を支払期日より前のあらかじめ定められた一定期間内に行うことによる，代金の一部免除額をいう。この割引は，掛け代金の早期決済にともなう利息相当額の免除であり，「仕入割引」という。

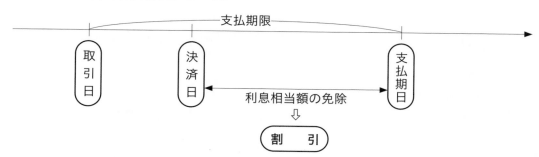

(注) 掛け販売における売価は，現金販売に比べてその代金回収が遅れるため，その期間に対する利息相当額だけ高く設定されることがある。そのため，支払期日前に支払いを行った場合には，購入側ではその期間の利息相当額が免除されることになる。したがって，割引は代金の早期決済にともなう財務上の損益，すなわち利息的な性格をもっている。

(2) 会計処理

割引の会計処理を示すと，次のようになる。なお，金額は仮のものとする。

① 仕入時

(仕入または商品)	1,000	(買　掛　金)	1,000

② 代金決済時（早期決済）

(買　掛　金)	1,000	(現　　　　金)	900
		(仕　入　割　引)	100
		営業外収益	

(3) 損益計算書上の表示

損益計算書上，「仕入割引」は受取利息的性格（財務収益）のものであることから「営業外収益」の区分に表示する。

5 他勘定振替高

1. 他勘定振替高

　見本品提供や広告宣伝のための使用など，販売以外の原因により商品が減少した場合には，仕入勘定（または商品勘定）から他の該当する勘定へ振り替える。この場合，他の勘定へ振り替えられたものを「他勘定振替高」という。

　なお，販売以外の原因により商品が減少する取引には以下のようなものがあり，三分法における商品減少時の会計処理（期中取引）は次のようになる。

(1) 見本品提供による商品の減少

(2) 広告宣伝のための使用による商品の減少

(3) 火災などの災害による商品の減少

(4) 盗難による商品の減少

2．損益計算書の表示

　他勘定振替高は帳簿上「仕入（または商品）」勘定から減少させるが，損益計算書上は「当期商品仕入高」から直接控除せずに，売上原価の計算において控除する形式で表示する。

　〈例〉　当期の仕入高は12,000円であり，そのうち500円の商品を広告宣伝のために使用した。なお，その他の金額は仮のものとする。

<table>
<tr><td colspan="4" align="center">損 益 計 算 書</td><td align="right">（単位：円）</td></tr>
<tr><td>Ⅰ　売　　上　　高</td><td></td><td></td><td></td><td align="right">15,000</td></tr>
<tr><td>Ⅱ　売　上　原　価</td><td></td><td></td><td></td><td></td></tr>
<tr><td>　　1．期首商品棚卸高</td><td></td><td align="right">3,000</td><td></td><td></td></tr>
<tr><td>　　2．当期商品仕入高</td><td></td><td align="right">12,000</td><td></td><td></td></tr>
<tr><td>　　　　合　　　　計</td><td></td><td align="right">15,000</td><td></td><td></td></tr>
<tr><td>　　3．広告宣伝費振替高</td><td>（－）</td><td align="right">500</td><td></td><td></td></tr>
<tr><td>　　4．期末商品棚卸高</td><td>（－）</td><td align="right">3,500</td><td></td><td align="right">11,000</td></tr>
<tr><td>　　　　売上総利益</td><td></td><td></td><td></td><td align="right">4,000</td></tr>
<tr><td>Ⅲ　販売費及び一般管理費</td><td></td><td></td><td></td><td></td></tr>
<tr><td>　　1．広　告　宣　伝　費</td><td></td><td></td><td></td><td align="right">500</td></tr>
</table>

3．原価ボックスの作り方

　原価ボックスは，次のように作成する。

原価ボックス

<table>
<tr><td>期 首 商 品　3,000</td><td>売 上 原 価 11,000</td></tr>
<tr><td rowspan="2">仕　入　高 12,000</td><td>広告宣伝費振替高　　500</td></tr>
<tr><td>期 末 商 品　3,500</td></tr>
</table>

→ P/L 販売費及び一般管理費

6　原価率・利益率

1．原価率・利益率

　原価率とは，売価を1（＝100％）とした場合の売価に対する原価の占める割合をいい，利益率とは，売価を1（＝100％）とした場合の売価に対する利益の占める割合をいう。

$$利益率 = \frac{20\,\langle利益\rangle}{100\,\langle売価\rangle} = 0.2\,(=20\%)$$

$$原価率 = \frac{80\,\langle原価\rangle}{100\,\langle売価\rangle} = 0.8\,(=80\%)$$

売価（1）
100

利益　20

原価　80

（注）割り切れない場合は分数のままにしておく。

$$\therefore\quad 原価率＋利益率 ＝ 1\,(=100\%)$$

（注）原価率，利益率は小数点表示（0.8, 0.2）する場合と，パーセント表示（80％, 20％）する場合がある。

〈例〉売価100，原価率80%の場合の原価は次のように求める。

$$\underset{\text{売価}}{100} \times \underset{\text{原価率}}{80\%} (= 0.8) = \underset{\text{原価}}{80}$$

〈例〉原価80，原価率80%の場合の売価は次のように求める。

$$\underset{\text{原価}}{80} \div \underset{\text{原価率}}{80\%} (= 0.8) = \underset{\text{売価}}{100}$$

〈例〉売価100，利益率20%の場合の利益は次のように求める。

$$\underset{\text{売価}}{100} \times \underset{\text{利益率}}{20\%} (= 0.2) = \underset{\text{利益}}{20}$$

〈例〉利益20，利益率20%の場合の売価は次のように求める。

$$\underset{\text{利益}}{20} \div \underset{\text{利益率}}{20\%} (= 0.2) = \underset{\text{売価}}{100}$$

設例 2-2

次の資料により，原価率・利益率を求めなさい。

（資料1）決算整理前残高試算表（一部）

決算整理前残高試算表　　　（単位：円）

繰越商品	2,000	売　　上	20,000
仕　　入	17,000		

（資料2）決算整理事項

期末商品棚卸高は3,000円である。

【解　答】

原　価　率	80%	利　益　率	20%

【解　説】

（＊1）$\dfrac{16,000円〈売上原価〉}{20,000円〈売上高〉} = 0.8 (= 80\%)〈原価率〉$

（＊2）$\dfrac{4,000円〈売上総利益〉}{20,000円〈売上高〉} = 0.2 (= 20\%)〈利益率〉$　または　$1 - 0.8 = 0.2 (= 20\%)〈利益率〉$

次の資料により，損益計算書（売上総利益まで）を完成しなさい。

（資料１）決算整理前残高試算表（一部）

決算整理前残高試算表　　（単位：円）

繰 越 商 品	2,000	売　　　　上　20,000
仕　　　入	17,000	

（資料２）決算整理事項

1．期末商品棚卸高 　各自推定 円

2．商品の原価率は80％であり，毎期一定である。

【解　答】

損 益 計 算 書　　（単位：円）

Ⅰ 売 　 上 　 高			20,000
Ⅱ 売 　 上 　 原 　 価			
1．期首商品棚卸高		2,000	
2．当期商品仕入高		17,000	
合　　　計		19,000	
3．期末商品棚卸高		3,000	16,000
売上総利益			4,000

【解　説】

1．売上原価と期末商品の推定

原価ボックス

T/B 繰越商品　2,000	売上原価　　16,000
T/B 仕　　入　17,000 （P/L 仕入高）	期末商品　　3,000 （貸借差額）

×80％ ← T/B売　　上　20,000
（P/L売上高）

2．売上原価の算定（決算整理仕訳）

（仕　　　　　　入）	2,000	（繰　越　商　品）	2,000
（繰　越　商　品）	3,000	（仕　　　　　　入）	3,000

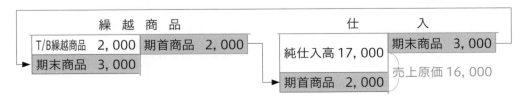

2. 値入率（利益加算率，付加率，マークアップ率）

値入率とは，原価を 1 （＝100％）とした場合，その原価に対する利益の加算割合を表すものであり，問題文では「売価は原価の××％増し」という表現で出題される。

〈例〉売価は原価80円の25％増しである。

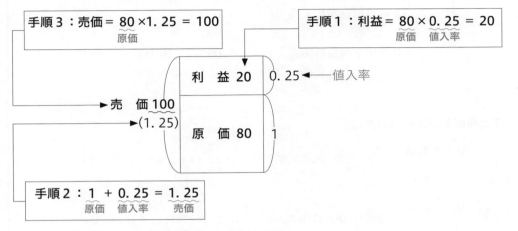

この場合の原価率・利益率は次のとおりである。

$$\frac{1}{\underset{原価}{1} + \underset{値入率}{0.25}} = \frac{1 \langle 原価 \rangle}{1.25 \langle 売価 \rangle} = 0.8 \langle 原価率 \rangle \quad または \quad \frac{100\%}{\underset{原価}{100\%} + \underset{値入率}{25\%}} = \frac{100\% \langle 原価 \rangle}{125\% \langle 売価 \rangle} = 80\%$$

$$\frac{0.25}{\underset{原価}{1} + \underset{値入率}{0.25}} = \frac{0.25 \langle 利益 \rangle}{1.25 \langle 売価 \rangle} = 0.2 \langle 利益率 \rangle \quad または \quad \frac{25\%}{\underset{原価}{100\%} + \underset{値入率}{25\%}} = \frac{25\% \langle 利益 \rangle}{125\% \langle 売価 \rangle} = 20\%$$

設例 2-4

次の資料により，損益計算書（売上総利益まで）を完成しなさい。

（資料1）決算整理前残高試算表（一部）

決算整理前残高試算表			（単位：円）
繰 越 商 品	2,000	売 上	20,000
仕 入	17,000		

（資料2）決算整理事項

1. 期末商品棚卸高 　各自推定　円
2. 売価は原価の25％増しに設定しており，毎期一定である。

【解 答】

損 益 計 算 書　　（単位：円）

Ⅰ	売 上 高		20,000
Ⅱ	売 上 原 価		
	1．期首商品棚卸高	2,000	
	2．当期商品仕入高	17,000	
	合　　　計	19,000	
	3．期末商品棚卸高	3,000	16,000
	売上総利益		4,000

【解 説】

1．売上原価と期末商品の推定

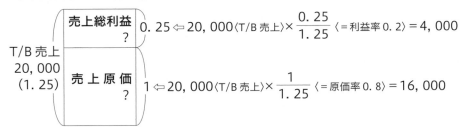

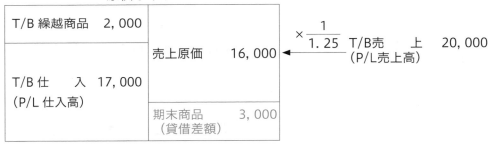

2．売上原価の算定（決算整理仕訳）

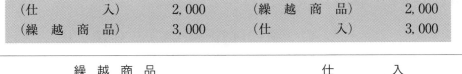

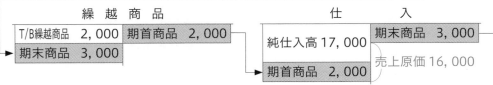

参考 役務収益と役務原価

　役務の提供を営む企業（サービス業）においては，サービスの提供が終了したときに「役務収益」を計上し，役務収益との個別的または期間的な対応関係にもとづいて，役務収益に対応する「役務原価」を計上する。なお，役務収益を計上する前に発生した役務費用は，役務収益を計上するまでは「仕掛品」で処理する。

〈例〉当社は，パソコンのオペレーターを中心とした人材派遣業を営んでおり，顧客からの受注にもとづいて，一定の作業が完了したときに役務収益を計上している。また，役務原価は役務収益計上時に仕掛品から役務原価に振り替えている。よって，以下の取引について仕訳を示しなさい。

1．顧客から伝票入力の作業を10,000円で受注し，オペレーターを派遣した。また，受注額のうち6,000円を現金で受け取った。

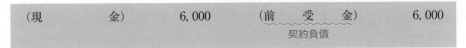

（現　　　　　金）	6,000	（前　受　金）	6,000
		契約負債	

2．オペレーターに報酬として8,000円を現金で支払った。

（仕　掛　品）	8,000	（現　　　　　金）	8,000

3．上記1の作業が完了し，残額を現金で受け取った。なお，この作業のための役務費用は7,000円であった。

（前　受　金）	6,000	（役　務　収　益）	10,000
（現　　　　　金）	4,000		
（役　務　原　価）	7,000	（仕　掛　品）	7,000

　（注）2で支払った報酬8,000円がすべて1の作業にかかわるものとはかぎらないので注意すること。

03 棚卸資産

Theme

Check ここでは，商品や製品などの棚卸資産について，その範囲や評価方法を学習する。

1 棚卸資産とは

　棚卸資産とは，企業の営業活動（生産活動，販売活動および一般管理活動）において消費されることにより費用となる資産（費用性資産）であり，その消費部分を物量的尺度（数量，重さなど）で把握することのできるものをいう。

　期末に保有する棚卸資産は，貸借対照表の流動資産に表示する。

　棚卸資産には，次のようなものがある。

分　　類		項　　目
企業がその営業目的を達成するために所有し，かつ，**売却を予定する**資産	通常の営業過程において**販売する**ために保有する財貨または用役	**商品，製品，**証券会社が保有する販売目的の有価証券，不動産会社が保有する**販売目的の不動産**
	販売を目的として現に製造中の財貨または用役	半製品，**仕掛品，**建設業における未成工事支出金
	販売目的の財貨または用役を生産するために短期間に消費されるべき財貨	原材料，工場消耗品
	市場価格の変動により利益を得ることを目的として保有する資産（トレーディング目的で保有する棚卸資産）	トレーディング資産
売却を予定しない資産であっても，販売活動および一般管理活動において短期間に消費される資産		**事務用消耗品，**荷造用品

（注1）「売却」には，通常の「販売」のほか，活発な市場が存在することを前提として，棚卸資産の保有者が単に市場価格の変動により利益を得ることを目的とする「トレーディング」も含まれる。

（注2）「未成工事支出金」については，「テーマ5」で学習する。

2 棚卸資産の評価方法

　棚卸資産を異なる価格で取得した場合には，払い出した商品の金額（単価）および期末に保有する商品の金額（単価）を，どのように計算するかが問題となる。「棚卸資産の評価に関する会計基準」では，棚卸資産の評価方法として，次の4つの計算方法を認めている。

> **(1)　個別法**
> 　取得原価の異なる棚卸資産を区別して記録し，その個々の実際原価によって期末棚卸資産の価額を算定する方法
> 　個別法は，個別性が強い棚卸資産の評価に適した方法である。
>
> **(2)　先入先出法**
> 　最も古く取得されたものから順次払出しが行われ，期末棚卸資産は最も新しく取得されたものからなるとみなして期末棚卸資産の価額を算定する方法
>
> **(3)　平均原価法**
> 　取得した棚卸資産の平均原価を算出し，この平均原価によって期末棚卸資産の価額を算定する方法
> 　なお，平均原価は，総平均法又は移動平均法によって算出する。
>
> **(4)　売価還元法**
> 　値入率等の類似性に基づく棚卸資産のグループごとの期末の売価合計額に，原価率を乗じて求めた金額を期末棚卸資産の価額とする方法
> 　売価還元法は，取扱品種の極めて多い小売業等の業種における棚卸資産の評価に適用される。

　(注)　売価還元法については後述する。

3 棚卸資産の評価基準

1. 評価基準（販売目的で保有する棚卸資産）…低価法で評価

　通常の販売目的（販売するための製造目的を含む）で保有する棚卸資産は，「取得原価」をもって貸借対照表価額とし，期末における「正味売却価額」が「取得原価」よりも下落している場合には，期末における「正味売却価額」をもって貸借対照表価額とする。また，この評価基準を「低価法」または「原価法（収益性の低下による簿価切下げの方法）」という。

　この場合において，「取得原価」と期末における「正味売却価額」との差額（収益性の低下による簿価切下額）は当期の費用（商品評価損）とする。

　なお，「正味売却価額」とは，売価（購買市場と売却市場とが区別される場合における売却市場の時価）から見積追加製造原価および見積販売直接経費（アフター・コスト）を控除した額をいう。

	貸借対照表価額
取得原価 ≦ 正味売却価額	取　得　原　価
取得原価 ＞ 正味売却価額	正　味　売　却　価　額

2. 評価損等の計算

(1) 棚卸減耗損

　期末に棚卸資産の実地棚卸を行った際に，紛失・盗難などの原因により，商品有高帳に記録されている期末帳簿数量より期末実地棚卸数量が減少していることがある。このような数量の減少を棚卸減耗といい，棚卸減耗による損失は，「棚卸減耗損」として処理する。

$$棚卸減耗損＝@取得原価×（期末帳簿棚卸数量－期末実地棚卸数量）$$

(2) 商品評価損（商品の場合）

　収益性の低下による簿価切下額については，「商品評価損」として処理する。

① 品質低下品・陳腐化品がない場合（すべて良品の場合）

$$商品評価損＝（@取得原価－@正味売却価額）×期末実地棚卸数量$$

② 品質低下品・陳腐化品がある場合

$$商品評価損＝（@取得原価－@正味売却価額）×品質低下・陳腐化品数量$$
品質低下・陳腐化品
$$＋（@取得原価－@正味売却価額）×期末良品数量$$
良　品

(3) まとめ

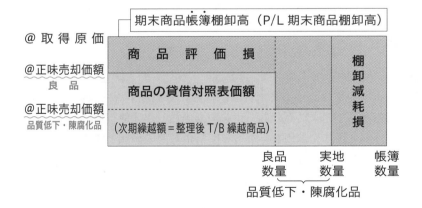

3. 評価損等の表示

(1) 棚卸減耗損

　「棚卸減耗損」については，原価性を有するものと認められる場合には，「売上原価の内訳科目」または「販売費」として表示し，原価性を有しないものと認められる場合には，これを「営業外費用」または「特別損失」として表示する。

（注）原価性を有するものとは，毎期経常的に発生する程度の正常なものをいい，原価性を有しないものとは，臨時の事象で生じたものなど異常なものをいう。

(2) 商品評価損

「商品評価損」については，「売上原価」とする。また，臨時の事象に起因し，かつ，多額であるときには，「特別損失」に計上する。

評 価 損 等	条 件	表 示 区 分
棚 卸 減 耗 損	原価性あり	売上原価の内訳科目
		販売費
	原価性なし	営業外費用
		特別損失
商 品 評 価 損	原則	売上原価(注)
	臨時の事象に起因し，かつ，多額であるとき	特別損失

(注)「商品評価損」を「売上原価」とする場合には，「売上原価の内訳科目として独立掲記する方法」または「注記による方法」による。

設例 3-1

次の資料により，棚卸資産の評価方法に(1)先入先出法を採用した場合，(2)平均原価法（総平均法）を採用した場合の損益計算書（売上総利益まで）を作成するとともに貸借対照表における商品の評価額を求めなさい。なお，棚卸減耗損および商品評価損は，売上原価の内訳科目とする。

（資料1）決算整理前残高試算表（一部）

決算整理前残高試算表　　　（単位：円）

繰 越 商 品	120,000	売 上	250,000
仕 入	252,000		

（資料2）決算整理事項

1．商品売買の状況
   (1) 期首商品棚卸高　200個，単価（原価）　600円
   (2) 当期商品仕入高　400個，単価（原価）　630円
   (3) 当期売上高　350個
2．期末商品棚卸高
   (1) 帳簿棚卸高　250個，単価（原価）　[各自推定]円
   (2) 実地棚卸高　240個
       品質低下品　20個，単価（売価）　470円
       良　品　220個，単価（売価）　650円
   なお，商品1個あたりの見積販売直接経費は70円とする。

【解　答】

1．損益計算書（売上総利益まで）

（単位：円）

		(1)		(2)	
Ⅰ　売　上　高			250,000		250,000
Ⅱ　売　上　原　価					
1．期首商品棚卸高	120,000			120,000	
2．当期商品仕入高	252,000			252,000	
合　　計	372,000			372,000	
3．期末商品棚卸高	157,500			155,000	
差　　引	214,500			217,000	
4．棚　卸　減　耗　損	6,300			6,200	
5．商　品　評　価　損	15,600	236,400		13,200	236,400
売上総利益			13,600		13,600

2．貸借対照表の商品

貸借対照表の商品	(1)	135,600円	(2)	135,600円

【解　説】

(1)　先入先出法

①　売上原価と期末商品棚卸高

原価ボックス

期首商品　@600×200個＝120,000	売上原価　（貸借差額）　　214,500
当期仕入　@630×400個＝252,000	期末商品　@630×250個＝157,500

②　期末商品の評価

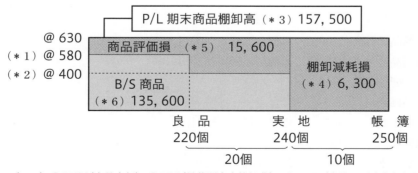

（＊1）@650円〈良品売価〉－@70円〈見積販売直接経費〉＝@580円〈良品の正味売却価額〉
（＊2）@470円〈品質低下品売価〉－@70円〈見積販売直接経費〉＝@400円〈品質低下品の正味売却価額〉
（＊3）@630円×250個＝157,500円
（＊4）@630円×（250個－240個）＝6,300円
（＊5）（@630円－@400円）× 20個＝ 4,600円　　｝15,600円
　　　 （@630円－@580円）×220個＝11,000円
（＊6）@580円×220個＋@400円×20個＝135,600円

92

③　決算整理仕訳

（仕 入）	120,000	（繰 越 商 品）	120,000
（繰 越 商 品）	157,500	（仕 入）	157,500
（棚 卸 減 耗 損）	6,300	（繰 越 商 品）	21,900
（商 品 評 価 損）	15,600		

(注)　棚卸減耗損および商品評価損を売上原価に算入する場合には，売上原価を集計する勘定である「仕入」に振り替えるために，以下の仕訳を追加で行うこともある。

| （仕 入） | 21,900 | （棚 卸 減 耗 損） | 6,300 |
| | | （商 品 評 価 損） | 15,600 |

(2)　平均原価法（総平均法）

①　売上原価と期末商品棚卸高

原価ボックス

| 期首商品　@600×200個=120,000 | 売上原価（貸借差額）　217,000 |
| 当期仕入　@630×400個=252,000 | 期末商品　@620×250個=155,000 |

　　　　　　　600個　372,000　　∴　372,000円÷600個 = @620円〈平均単価〉

②　期末商品の評価

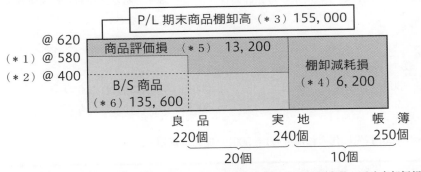

P/L 期末商品棚卸高（＊3）155,000

@620
(＊1)@580
(＊2)@400

商品評価損 （＊5）13,200

棚卸減耗損
（＊4）6,200

B/S 商品
（＊6）135,600

　　　　　　　　良　品　　　　　実　地　　　　　帳　簿
　　　　　　　　220個　　　　　240個　　　　　250個
　　　　　　　　　　　　20個　　　　　　10個

（＊1）@650円〈良品売価〉−@70円〈見積販売直接経費〉=@580円〈良品の正味売却価額〉
（＊2）@470円〈品質低下品売価〉−@70円〈見積販売直接経費〉=@400円〈品質低下品の正味売却価額〉
（＊3）@620円×250個=155,000円
（＊4）@620円×(250個−240個)=6,200円
（＊5）(@620円−@400円)× 20個=4,400円 ⎫
　　　(@620円−@580円)×220個=8,800円 ⎭ 13,200円
（＊6）@580円×220個+@400円×20個=135,600円

③ 決算整理仕訳

（仕　　　　　入）	120,000	（繰　越　商　品）	120,000
（繰　越　商　品）	155,000	（仕　　　　　入）	155,000
（棚　卸　減　耗　損）	6,200	（繰　越　商　品）	19,400
（商　品　評　価　損）	13,200		

（注）棚卸減耗損および商品評価損を売上原価に算入する場合には，売上原価を集計する勘定である「仕入」に振り替えるために，以下の仕訳を追加で行うこともある。

| （仕　　　　　入） | 19,400 | （棚　卸　減　耗　損） | 6,200 |
| | | （商　品　評　価　損） | 13,200 |

補足　先入先出法と棚卸減耗損

先入先出法を採用している場合に棚卸減耗が発生し，かつ，単価の異なるものがある場合の棚卸減耗損の算定は，次のように行う。

先入先出法 ⇨ 期末棚卸高のうち，先に仕入れたものから減耗が生じると考える。

〈例〉商品有高帳の残高欄における期末帳簿棚卸高は，次のとおりである。なお，期末実地棚卸数量は75個である。よって，先入先出法による場合の棚卸減耗損を求めなさい。

残　高　欄		
数　量	単　価	金　額
30個	100円	3,000円 ⇦先に仕入れたもの
50個	110円	5,500円 ⇦後に仕入れたもの

（80個−75個）×@100円〈先に仕入れたもの〉＝500円〈棚卸減耗損〉

4 売価還元法

1. 売価還元法とは

売価還元法（売価還元原価法，売価還元平均原価法）とは，売価による期末商品棚卸高に原価率を乗じることにより期末商品原価（帳簿価額）を算定する方法である。売価還元法は，商品有高帳による受払記録を簡略化することができるため，取扱品種の極めて多い小売業等における期末商品の評価方法として適用される。

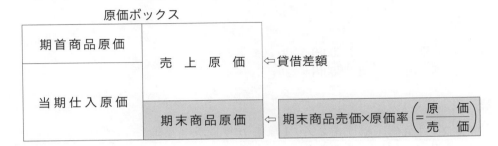

売価還元法は，原価率の計算方法の違いから，次のように分類される。

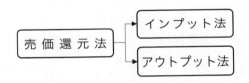

2. インプット法とアウトプット法

インプット法とは，インプット側の売価合計を使用して原価率を算定する方法であり，アウトプット法とは，アウトプット側の売価合計を使用して原価率を算定する方法である。

次の資料により，売価還元法による場合の期末商品原価および売上原価を求めなさい。

（資　料）

期 首 商 品（原価）	4,500円	期首商品売価	5,000円
当 期 仕 入 高（原価）	11,500円	原 始 値 入 額	3,500円
当 期 売 上 高	16,000円	期末商品売価	4,000円

【解　答】

| 期末商品原価 | 3,200円 |
| 売 上 原 価 | 12,800円 |

【解　説】

インプット売価	インプット原価	アウトプット原価	アウトプット売価
期首商品 5,000	期首商品 4,500		
仕入原価11,500 値 入 額+3,500	仕入原価11,500	売上原価12,800（貸借差額）	売 上 高 16,000
		期末商品 3,200	期末商品 4,000

売価合計 20,000 ←—0.8（＊1）—→ 16,000 ←— 0.8（＊2）—→ 売価合計 20,000

（＊1） $\dfrac{4,500円+11,500円}{\underbrace{5,000円+11,500円+3,500円}_{当期仕入売価}}=\dfrac{16,000円}{20,000円}=0.8$ 〈インプット法原価率〉

（＊2） $\dfrac{4,500円+11,500円}{16,000円+4,000円}=\dfrac{16,000円}{20,000円}=0.8$ 〈アウトプット法原価率〉

∴　4,000円〈期末商品売価〉×0.8＝3,200円〈期末商品原価〉
　　4,500円+11,500円−3,200円＝12,800円〈売上原価〉

（注）本例では，説明を簡単にするためにインプット売価合計20,000円とアウトプット売価合計20,000円が同じであるが，期末商品に棚卸減耗が生じている場合には，アウトプット売価合計が異なることもある。

3. インプット法による売価還元法（売価還元原価法）

(1) 売価還元法による原価率

売価還元法による原価率は，次のように計算する。

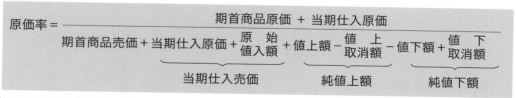

（注1）原始値入額とは，商品の仕入原価に最初に付した利益額をいう。

（注2）値上額および値下額とは，市場の変化などによる原始値入額の修正を意味する。

(2) 棚卸減耗損の計算

　売価還元法は，期末商品の評価に関する簡便法であることから，商品有高帳による払出記録は行われない。したがって，本来は帳簿棚卸高は存在しない。ただし，インプット法を採用している場合に限り，帳簿棚卸高に相当するものが計算上求めることができ，実地棚卸高との差額を棚卸減耗として把握することができる。

　たとえば，当期仕入売価を1,000円とし売上高が800円とすると，期末商品は売価で200円残っていなければならない。しかし，実際には150円しか残っていないとすると，200円－150円＝50円が減耗商品の売価である。

```
          売              価
┌─────────────┬──────────────────┐
│             │  売  上  高   800 │  ┄┄┄┄  ┌──────────────┐
│ 仕 入 売 価 1,000 ├──────────────────┤        │ 減 耗 売 価    50 │
│             │  帳 簿 売 価   200 │  ┄┄┄┄  ├──────────────┤
│             │                  │        │ 実 地 売 価   150 │
└─────────────┴──────────────────┘        └──────────────┘
```

　このように，帳簿売価（あるべき在庫売価）と期末実地売価との差額で棚卸減耗売価が求められ，棚卸減耗売価に原価率を掛けると，棚卸減耗損（原価）が求められる。

　計算式は以下のとおりである。

> 当期総売価(売価還元法の分母) － 売上高 ＝ 期末帳簿売価

> 期末帳簿売価－期末実地売価 ＝ 棚卸減耗売価
> 棚卸減耗売価×原価率 ＝ 棚卸減耗損（原価）

(3) 商品評価損の計算

　売価還元法を採用している場合においても，期末における正味売却価額が帳簿価額よりも下落している場合には，正味売却価額をもって貸借対照表価額とする。

> 期末実地売価×原価率＝期末実地原価
> 期末実地原価－正味売却価額＝商品評価損

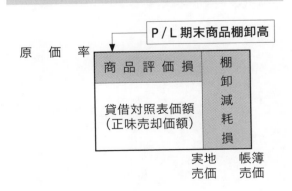

　次の資料にもとづいて，売価還元法による場合の損益計算書（売上総利益まで）および貸借対照表（一部）を作成しなさい。なお，評価損等は売上原価の内訳科目とする。

（資料１）決算整理前残高試算表（一部）

決算整理前残高試算表　　（単位：円）

繰 越 商 品	4,020	売　　　　　上	15,400
仕　　　　　入	11,820		

（資料２）その他の資料

期 首 商 品 売 価	4,640円	原 始 値 入 額	4,040円
期 中 値 上 額	1,800円	期 中 値 上 取 消 額	300円
期 中 値 下 額	2,400円	期 中 値 下 取 消 額	200円
期 末 商 品 実 地 売 価	4,000円	期 末 商 品 正 味 売 却 価 額	2,800円

【解　答】

損 益 計 算 書　　　　　（単位：円）

Ⅰ　売　　上　　高		15,400
Ⅱ　売　上　原　価		
1．期首商品棚卸高	4,020	
2．当期商品仕入高	11,820	
合　　　計	15,840	
3．期末商品棚卸高	3,520	
差　　　引	12,320	
4．棚 卸 減 耗 損	320	
5．商 品 評 価 損	400	13,040
売上総利益		2,360

貸 借 対 照 表　　　　　（単位：円）

商　　　　　品	2,800	

【解　説】

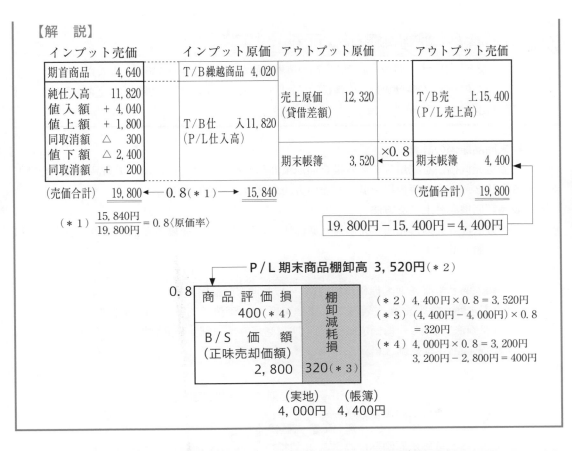

4．インプット法による売価還元低価法（正味値下げ額を除外して原価率を算定する売価還元法）

　前述したように，売価還元法を採用している場合においても，期末における正味売却価額が帳簿価額よりも下落している場合には，正味売却価額をもって貸借対照表価額とする。ただし，値下額等が売価合計額に適切に反映されている場合には，次に説明する売価還元法の原価率により求めた期末棚卸資産の帳簿価額を収益性の低下にもとづく簿価切下額を反映した価額とみなして処理することが認められている。なお，本テキストでは，この方法を「売価還元法（売価還元原価法）」と区別するために「売価還元低価法」とよんでいる。

(1)　売価還元低価法による原価率

　売価還元低価法では，売価還元法（売価還元原価法）による原価率よりも低い原価率を意図的に算定することにより，売価還元法（売価還元原価法）よりも低い帳簿価額を算定する。

　売価還元低価法による原価率は，次のように計算する。

$$原価率 = \frac{期首商品原価 ＋ 当期仕入原価}{\underbrace{期首商品売価 ＋ 当期仕入原価 ＋ 原始値入額}_{当期仕入売価} ＋ \underbrace{値上額 － 値上取消額}_{純値上額}}$$

(注) 売価還元低価法による原価率の計算では，インプット側の売価合計（分母）から純値下額（値下額－値下取消額）を控除しない。

　一般的に値下げが行われるのは，その商品の市場価値が下落したからである。したがって，原価率の計算上，純値下額を控除せずに，売価合計（分母）を大きくすれば，市場価値の下落を反映した低い原価率を計算することができる。

(2)　**期末商品原価の計算**

　売価還元低価法を採用している場合の期末商品原価の計算方法には，①商品評価損を計上する方法と，②商品評価損を計上しない方法の2つが考えられる。

①　**商品評価損を計上する方法**

　この方法は，売価還元法（売価還元原価法）の原価率と，売価還元低価法の原価率を併用して各金額を計算する。

期末商品帳簿売価 × 原価法原価率 ＝ P / L 期末商品棚卸高
(期末商品帳簿売価 − 期末商品実地売価) × 原価法原価率 ＝ 棚卸減耗損
(原価法原価率 − 低価法原価率) × 期末商品実地売価 ＝ 商品評価損
期末商品実地売価 × 低価法原価率 ＝ B / S 価額

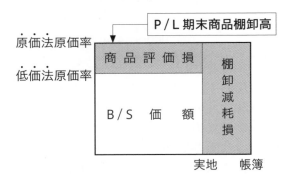

②　**商品評価損を計上しない方法**

　この方法は，売価還元低価法の原価率のみで各金額を計算する。

期末商品帳簿売価 × 低価法原価率 ＝ P / L 期末商品棚卸高
(期末商品帳簿売価 − 期末商品実地売価) × 低価法原価率 ＝ 棚卸減耗損
期末商品実地売価 × 低価法原価率 ＝ B / S 価額

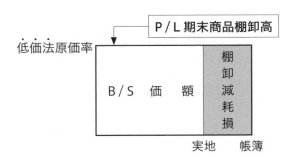

次の資料にもとづいて，売価還元低価法による場合の損益計算書(売上総利益まで)を，(1)商品評価損を計上する方法（商品評価損は売上原価の内訳科目とする）と，(2)商品評価損を計上しない方法のそれぞれにより作成しなさい。なお，棚卸減耗損は売上原価の内訳科目とすること。

（資料1）決算整理前残高試算表（一部）

決算整理前残高試算表 （単位：円）

		売 上	15,400
繰 越 商 品	4,020		
仕 入	11,820		

（資料2）その他の資料

期 首 商 品 売 価	4,640円	原 始 値 入 額	4,040円
期 中 値 上 額	1,800円	期 中 値 上 取 消 額	300円
期 中 値 下 額	2,400円	期 中 値 下 取 消 額	200円
期末商品実地売価	4,000円		

【解　答】

（単位：円）

	(1)		(2)	
Ⅰ 売 上 高		15,400		15,400
Ⅱ 売 上 原 価				
1．期首商品棚卸高	4,020		4,020	
2．当期商品仕入高	11,820		11,820	
合 計	15,840		15,840	
3．期末商品棚卸高	3,520		3,168	
差 引	12,320		12,672	
4．棚 卸 減 耗 損	320		288	
5．商 品 評 価 損	320	12,960	――	12,960
売 上 総 利 益		2,440		2,440

【解　説】

1．原価率などの計算

インプット売価	インプット原価	アウトプット原価	アウトプット売価
期首商品　4,640	T/B繰越商品　4,020	売上原価 （貸借差額）	T/B売　上15,400 （P/L売上高）
純仕入高　11,820 値入額　　+4,040 値上額　　+1,800 同取消額　△300 値下額　　△2,400 同取消額　+200	T/B仕　入11,820 （P/L仕入高）		
		期末帳簿	期末帳簿　　4,400

（原価法の分母）19,800 ← 0.8（＊1）→ 15,840　　　　（原価法の分母）19,800
（低価法の分母）22,000

0.72（＊2）

19,800円 − 15,400円 = 4,400円

純値下額2,200円（＝2,400円 − 200円）を控除しない。
∴19,800円 + 2,200円 = 22,000円

（注）売価還元低価法におけるインプット売価合計額と，売上高と期末商品売価の合計額（アウトプット売価）は一致しないことに注意する。

（＊1）$\dfrac{15,840円}{19,800円} = 0.8$〈原価法原価率〉

（＊2）$\dfrac{15,840円}{22,000円} = 0.72$〈低価法原価率〉

2．期末商品の評価

(1)　商品評価損を計上する方法

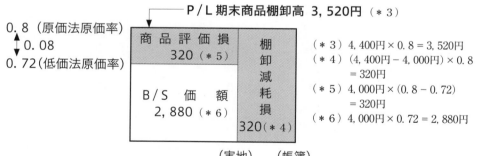

P/L期末商品棚卸高　3,520円（＊3）

0.8（原価法原価率）
　↕ 0.08
0.72（低価法原価率）

商品評価損 320（＊5）	棚卸減耗損
B/S価額 2,880（＊6）	320（＊4）

（＊3）4,400円 × 0.8 = 3,520円
（＊4）（4,400円 − 4,000円）× 0.8
　　　= 320円
（＊5）4,000円 ×（0.8 − 0.72）
　　　= 320円
（＊6）4,000円 × 0.72 = 2,880円

（実地）　（帳簿）
4,000円　4,400円

(2) 商品評価損を計上しない方法

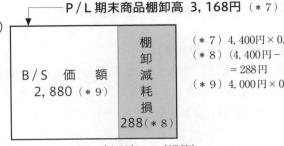

P／L 期末商品棚卸高 3,168円 （＊7）

0.72（低価法原価率）

B／S 価 額
2,880 （＊9）

棚卸減耗損
288(＊8)

（実地） （帳簿）
4,000円 4,400円

（＊7） 4,400円×0.72＝3,168円
（＊8） （4,400円－4,000円)×0.72
＝288円
（＊9） 4,000円×0.72＝2,880円

補足 期末商品実地売価に低価法原価率を乗じてP／L期末商品棚卸高を求める方法

期末商品実地売価に低価法原価率を乗じてP／L期末商品棚卸高を求めることにより，棚卸減耗損を計上せずに売上原価に含めることもある。

期末商品実地売価×低価法原価率＝P／L期末商品棚卸高（＝B／S価額）

前記の「設例3－4」において，この方法を採用した場合は，次のようになる。

1．期末商品の評価

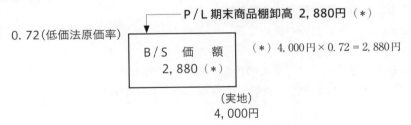

P／L 期末商品棚卸高 2,880円 （＊）

0.72（低価法原価率）

B／S 価 額
2,880 （＊）

（＊） 4,000円×0.72＝2,880円

（実地）
4,000円

2．損益計算書

損 益 計 算 書		（単位：円）
I 売 上 高		15,400
II 売 上 原 価		
1．期首商品棚卸高	4,020	
2．当期商品仕入高	11,820	
合 計	15,840	
3．期末商品棚卸高	2,880	12,960
売上総利益		2,440

5 棚卸資産の評価に関する会計基準

1. 棚卸資産の評価方法（取得原価の決定と費用配分）

「棚卸資産の評価に関する会計基準」

6－2　棚卸資産については，原則として購入代価又は製造原価に引取費用等の付随費用を加算して取得原価とし，次の評価方法の中から選択した方法を適用して売上原価等の払出原価と期末棚卸資産の価額を算定するものとする。

⑴　個別法

取得原価の異なる棚卸資産を区別して記録し，その個々の実際原価によって期末棚卸資産の価額を算定する方法

個別法は，個別性が強い棚卸資産の評価に適した方法である。

⑵　先入先出法

最も古く取得されたものから順次払出しが行われ，期末棚卸資産は最も新しく取得されたものからなるとみなして期末棚卸資産の価額を算定する方法

⑶　平均原価法

取得した棚卸資産の平均原価を算出し，この平均原価によって期末棚卸資産の価額を算定する方法

なお，平均原価は，総平均法又は移動平均法によって算出する。

⑷　売価還元法

値入率等の類似性に基づく棚卸資産のグループごとの期末の売価合計額に，原価率を乗じて求めた金額を期末棚卸資産の価額とする方法

売価還元法は，取扱品種の極めて多い小売業等の業種における棚卸資産の評価に適用される。

6－3　棚卸資産の評価方法は，事業の種類，棚卸資産の種類，その性質及び使用方法等を考慮した区分ごとに選択し，継続して適用しなければならない。

⑴　棚卸資産の取得原価

①　購入棚卸資産（商品・原材料）の取得原価

購入棚卸資産については，購入代価に付随費用（副費）を加算した額をもって取得原価とする。

付随費用（副費）には，引取運賃・購入手数料・関税などの外部副費と，購入事務費・保管費などの内部副費の2種類があり，どの範囲の副費を購入代価に加算するかを一律に定めることは困難であるため，各企業の実情に応じて，費用収益対応の原則，重要性の原則，継続性の原則などを考慮して，これを適正に決定することが必要である。

②　生産品（製品・半製品・仕掛品など）の取得原価

生産品については，適正な原価計算の手続きにより算定された正常な実際製造原価をもって取得原価とする。なお，製造原価を算定する際には，実際原価によらず予定価格または標準価格を適用することによって算定された製造原価を取得原価とすることも認められる。

(2)　棚卸資産の評価方法（費用配分の方法）

　　棚卸資産の評価方法（費用配分の方法）には，以下の４つの方法が定められている。

① 個　別　法
② 先入先出法
③ 平均原価法
④ 売価還元法

研究　その他の評価方法

　「棚卸資産の評価に関する会計基準」に規定されている評価方法のほかにも，次の評価方法がある。

１．後入先出法

　「後入先出法」とは，最も新しく取得されたものから棚卸資産の払出しが行われ，期末棚卸資産は最も古く取得されたものからなるとみなして，期末棚卸資産の価額を算定する方法である。「後入先出法」の特徴をまとめると次のようになる。

長所	①　棚卸資産を払い出したときの価格水準に最も近いと考えられる価額で収益と費用を対応させることができる。 ②　棚卸資産の価格水準の変動時には，他の評価方法に比べ，棚卸資産の購入から販売までの保有期間における市況の変動により生じる保有損益を期間損益から排除することができる。
短所	③　棚卸資産の貸借対照表価額が，最近の再調達原価の水準と大幅に乖離する可能性があり，市況の変動を長期間にわたって反映しない可能性がある。 ④　棚卸資産の期末の数量が期首の数量を下回る場合には，期間損益から排除されてきた保有損益が当期の損益に計上され，その結果，期間損益が変動する。このため，棚卸資産の購入量を調整することによって，保有損益を意図的に当期の損益に計上することができる（利益操作につながる）。

　「後入先出法」は，「企業会計原則」において棚卸資産の評価方法の１つとして認められていたが，上記③および④のような短所があること，また，会計基準の「国際的なコンバージェンス（収束）」を図るためなどの理由により，平成20年における「棚卸資産の評価に関する会計基準」の改正によって廃止された。

２．最終仕入原価法

　「最終仕入原価法」とは，最終仕入原価（最後に仕入れたときの価額）によって期末棚卸資産の価額を算定する方法である。「最終仕入原価法」によれば，期末棚卸資産の一部だけが実際の取得原価で評価されるが，その他の部分は時価に近い価額で評価されることが多く，無条件で取得原価基準に属する方法として適用を認めることは適当ではないと考えられている。このため，「最終仕入原価法」は，従来の「企業会計原則」でも認められておらず，「棚卸資産の評価に関する会計基準」においても認められていない。ただし，法人税法では，「最終仕入原価法」を適用することが，従来から認められている。

2. 販売目的で保有する棚卸資産の評価基準

「棚卸資産の評価に関する会計基準」

4 「時価」とは，公正な評価額をいい，市場価格に基づく価額をいう。市場価格が観察できない場合には合理的に算定された価額を公正な評価額とする。ただし，本会計基準第15項及び第60項でいうトレーディング目的で保有する棚卸資産の「時価」の定義は，企業会計基準第30号「時価の算定に関する会計基準」（以下「時価算定会計基準」という。）第5項に従い，算定日において市場参加者間で秩序ある取引が行われると想定した場合の，当該取引における資産の売却によって受け取る価格とする。

5 「正味売却価額」とは，売価（購買市場と売却市場とが区別される場合における売却市場の時価）から見積追加製造原価及び見積販売直接経費を控除したものをいう。なお，「購買市場」とは当該資産を購入する場合に企業が参加する市場をいい，「売却市場」とは当該資産を売却する場合に企業が参加する市場をいう。

6 「再調達原価」とは，購買市場と売却市場とが区別される場合における購買市場の時価に，購入に付随する費用を加算したものをいう。

7 通常の販売目的（販売するための製造目的を含む。）で保有する棚卸資産は，取得原価をもって貸借対照表価額とし，期末における正味売却価額が取得原価よりも下落している場合には，当該正味売却価額をもって貸借対照表価額とする。この場合において，取得原価と当該正味売却価額との差額は当期の費用として処理する。

8 売却市場において市場価格が観察できないときには，合理的に算定された価額を売価とする。これには，期末前後での販売実績に基づく価額を用いる場合や契約により取り決められた一定の売価を用いる場合を含む。

9 営業循環過程から外れた滞留又は処分見込等の棚卸資産について，合理的に算定された価額によることが困難な場合には，正味売却価額まで切り下げる方法に代えて，その状況に応じ，次のような方法により収益性の低下の事実を適切に反映するよう処理する。

(1) 帳簿価額を処分見込価額（ゼロ又は備忘価額を含む。）まで切り下げる方法

(2) 一定の回転期間を超える場合，規則的に帳簿価額を切り下げる方法

10 製造業における原材料等のように再調達原価の方が把握しやすく，正味売却価額が当該再調達原価に歩調を合わせて動くと想定される場合には，継続して適用することを条件として，再調達原価（最終仕入原価を含む。以下同じ。）によることができる。

11 企業が複数の売却市場に参加し得る場合には，実際に販売できると見込まれる売価を用いる。また，複数の売却市場が存在し売価が異なる場合であって，棚卸資産をそれぞれの市場向けに区分できないときには，それぞれの市場の販売比率に基づいた加重平均売価等による。

(1) 時価の定義

時価の概念には，次の３つが定められている。

時　　　　　価	公正な評価額（市場価格にもとづく価額または合理的に算定された価額）
正 味 売 却 価 額	売却市場における時価（売却時価） **売却市場における時価 − 見積追加製造原価 − 見積販売直接経費**
再 調 達 原 価	購買市場における時価（購入時価） **購買市場における時価 + 付随費用**

(2) 評価基準

通常の販売目的（販売するための製造目的を含む。）で保有する棚卸資産は，「取得原価」をもって貸借対照表価額とするが，「正味売却価額」が「取得原価」を下回っている場合には，「正味売却価額」をもって貸借対照表価額とする。なお，この評価基準を「原価法（収益性の低下による簿価切下げの方法）」または「低価法」という。

	貸借対照表価額
取得原価 ≦ 正味売却価額	取　得　原　価
取得原価 ＞ 正味売却価額	正 味 売 却 価 額

ただし，製造業における原材料等のように再調達原価の方が把握しやすいものについては，一定の条件の下に，再調達原価によることができる。

3. 低価法の適用単位と適用方法

「棚卸資産の評価に関する会計基準」

12　収益性の低下の有無に係る判断及び簿価切下げは，原則として個別品目ごとに行う。ただし，複数の棚卸資産を一括りとした単位で行うことが適切と判断されるときには，継続して適用することを条件として，その方法による。

14　前期に計上した簿価切下額の戻入れに関しては，当期に戻入れを行う方法（洗替え法）と行わない方法（切放し法）のいずれかの方法を棚卸資産の種類ごとに選択適用できる。また，売価の下落要因を区分把握できる場合には，物理的劣化や経済的劣化，若しくは市場の需給変化の要因ごとに選択適用できる。この場合，いったん採用した方法は，原則として，継続して適用しなければならない。

(1) 低価法の適用単位（グルーピング）

低価法の適用単位には，次の方法がある。

① **品 　 目 　 法**……個別品目ごとに比較，処理を行う。
② **グループ法**……各品目を適当なグループにまとめ，グループごとに比較，処理を行う。
③ **一 　 括 　 法**……全品目を一括して，比較，処理を行う。

〈例〉次の資料にもとづいて，低価法の適用単位を(1)品目法，(2)グループ法，(3)一括法にした
場合のそれぞれの評価額および評価損を計算しなさい。

(資　料)

甲グループ	A品	原価3,000円（時価2,700円）
	B品	原価2,500円（時価2,600円）
乙グループ	C品	原価6,000円（時価5,900円）
	D品	原価5,000円（時価5,200円）

(単位：円)

| グループ | 品　目 | 原　価 | 時　価 | 評　価　額 | | | 評　価　損 | | |
				品目法	グループ法	一括法	品目法	グループ法	一括法
甲	A	3,000	2,700	2,700			300		
	B	2,500	2,600	2,500			0		
	小　計	5,500	5,300		5,300			200	
乙	C	6,000	5,900	5,900			100		
	D	5,000	5,200	5,000			0		
	小　計	11,000	11,100		11,000			0	
合　　計		16,500	16,400	16,100	16,300	16,400	400	200	100

⑵　**低価法の適用方法**

低価法の適用方法には，次の方法がある。

① **切放法**……前期に計上した簿価切下額を当期に戻し入れずに，簿価切下げ後の帳簿価額
をその後の取得原価とみなす方法。
② **洗替法**……前期に計上した簿価切下額を当期に戻し入れる方法。

〈例〉次の資料により，決算整理仕訳を(1)切放法および(2)洗替法のそれぞれにより示しなさい
（会計期間1年，決算日は3月31日）。

(資　料)
①　×2年3月31日（前期末）　　期末商品棚卸高　原価　100円　時価　90円
②　×3年3月31日（当期末）　　期末商品棚卸高（期首分）　　　時価　85円

(1)　**切放法**

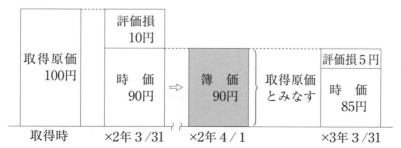

① ×2年3月31日（前期末）

（繰越商品）（＊1）	100	（仕　　　入）	100
（商品評価損）（＊2）	10	（繰越商品）	10

（＊1）　原価
（＊2）　100円 − 90円 ＝ 10円〈商品評価損〉

② ×3年3月31日（当期末）

（仕　　　入）	90	（繰越商品）（＊3）	90
（繰越商品）（＊3）	90	（仕　　　入）	90
（商品評価損）（＊4）	5	（繰越商品）	5

（＊3）　簿価
（＊4）　90円 − 85円 ＝ 5円〈商品評価損〉

(2)　**洗替法**

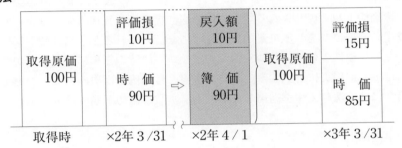

① ×2年3月31日（前期末）

（繰越商品）（＊1）	100	（仕　　　入）	100
（商品評価損）（＊2）	10	（商品低価切下額）	10
		繰越商品の評価勘定	

（注）洗替法では，翌期に戻入れを行うため，「繰越商品」を直接減額せずに「商品低価切下額」などの評価
　　勘定を使用することが多い。

② ×3年3月31日（当期末）　⇨　**戻し入れる仕訳は期首に行う場合もある。**

（商品低価切下額）	10	（商品低価切下額戻入）（＊2）	10
（仕　　　入）	100	（繰越商品）（＊1）	100
（繰越商品）（＊1）	100	（仕　　　入）	100
（商品評価損）（＊5）	15	（商品低価切下額）	15

（＊5）　100円 − 85円 ＝ 15円〈商品評価損〉
（注）　P/L評価損：15円 − 10円 ＝ 5円

研究 低価法の適用単位と処理方法

低価法の適用単位と処理方法は，次のように組み合わされる。

（注）一括法およびグループ法では，複数の棚卸資産をまとめて評価するため，品目ごとの簿価を把握することができない。したがって，評価替後の簿価を取得原価とみなす切放法と組み合わせることはできない。

4. 評価損等の表示

「棚卸資産の評価に関する会計基準」

17　通常の販売目的で保有する棚卸資産について，収益性の低下による簿価切下額（前期に計上した簿価切下額を戻し入れる場合には，当該戻入額相殺後の額）は売上原価とするが，棚卸資産の製造に関連し不可避的に発生すると認められるときには製造原価として処理する。また，収益性の低下に基づく簿価切下額が，臨時の事象に起因し，かつ，多額であるときには，特別損失に計上する。臨時の事象とは，例えば次のような事象をいう。なお，この場合には，洗替え法を適用していても，当該簿価切下額の戻入れを行ってはならない。

⑴　重要な事業部門の廃止

⑵　災害損失の発生

18　通常の販売目的で保有する棚卸資産について，収益性の低下による簿価切下額（前期に計上した簿価切下額を戻し入れる場合には，当該戻入額相殺後の額）は，注記による方法又は売上原価等の内訳科目として独立掲記する方法により示さなければならない。ただし，当該金額の重要性が乏しい場合には，この限りではない。

棚卸資産の評価損等の表示区分をまとめると次のようになる。

評 価 損 等	条 件		表 示 区 分
棚 卸 減 耗 損	原価性あり	原 材 料 等	製 造 原 価
		商品・製品	売 上 原 価
			販 売 費
	原価性なし	金額が僅少なもの	営 業 外 費 用
		金額が多額なもの	特 別 損 失
収益性の低下による 簿 価 切 下 額 （商品評価損など）	原 則		売 上 原 価
	製 造 に 関 連 す る も の		製 造 原 価
	臨 時 で，か つ，多 額 の も の		特 別 損 失

（注）棚卸減耗損の表示区分については，「棚卸資産の評価に関する会計基準」で規定されていないため，「企業会計原則注解【注10】」にある品質低下，陳腐化等の原因によって生ずる評価損に準じて表示する。なお，「棚卸資産の評価に関する会計基準」では，品質低下，陳腐化等の原因によって生ずる評価損を含めて収益性の低下による簿価切下額としているため，「企業会計原則注解【注10】」の規定が適用されるのは，現在では，棚卸減耗損だけである。

5. トレーディング目的で保有する棚卸資産

「棚卸資産の評価に関する会計基準」

15 トレーディング目的で保有する棚卸資産については，時価をもって貸借対照表価額とし，帳簿価額との差額（評価差額）は，当期の損益として処理する。

19 トレーディング目的で保有する棚卸資産に係る損益は，原則として，純額で売上高に表示する。

19-2 トレーディング目的で保有する棚卸資産については，売買目的有価証券に関する注記に準じて，金融商品会計基準第40-2項(3)「金融商品の時価のレベルごとの内訳等に関する事項」のうち，売買目的有価証券について注記される項目について注記する。ただし，重要性が乏しいものは注記を省略することができる。なお，連結財務諸表において注記している場合には，個別財務諸表において記載することを要しない。

（注1）トレーディング目的で保有する棚卸資産とは，たとえば「金の取引市場」のように活発な市場が存在することを前提として，単に市場価格の変動により利益を得ることを目的として保有する棚卸資産をいう。

（注2）トレーディング目的で保有する棚卸資産については，時価をもって貸借対照表価額とするため，時価が高いときには，評価益が計上される。

（注3）トレーディング目的で保有する棚卸資産に係る損益には，期末の評価替えによる評価損益だけでなく，期中の売却による売却損益が含まれることに注意すること。

04 収益の認識基準
Theme

これまで、売上等の収益に関する規定は、企業会計原則における「実現主義の原則」という考え方にもとづいて計上されてきた。しかし、さまざまなビジネスモデルが存在する現在となっては、「実現主義の原則」だけでは対応が難しくなったことから、「収益認識に関する会計基準」が定められた。ここでは、収益の認識基準について学習する。

1 収益認識の基本原則

　顧客との契約から生じる収益について、約束した財またはサービスの顧客への移転を、その財またはサービスと交換に企業が権利を得ると見込む対価の額で描写するように収益を認識することを要請している。なお、収益認識基準は、基本的に、顧客との契約から生じる収益に関する会計処理および開示に適用される。ただし、「金融商品基準」の範囲に含まれる金融商品に係る取引、「リース基準」の範囲に含まれるリース取引などは、「収益認識基準」の適用から除かれる。

(注) 収益認識基準は、上場会社や会社法監査対象法人（会社法上の大会社）等については強制適用となり、中小企業については、従来どおりの企業会計原則等にもとづいた会計処理が認められる。

2 用語の定義

契　　　　　約	法的な強制力のある権利および義務を生じさせる複数の当事者間における取り決めをいう。
顧　　　　　客	対価と交換に企業の通常の営業活動により生じたアウトプットである財またはサービスを得るために当該企業と契約した当事者をいう。
履　行　義　務	顧客との契約において、次の(1)または(2)のいずれかを顧客に移転する約束をいう。 (1) 別個の財またはサービス（あるいは別個の財またはサービスの束） (2) 一連の別個の財またはサービス（特性が実質的に同じであり、顧客への移転のパターンが同じである複数の財またはサービス）
取　引　価　格	財またはサービスの顧客への移転と交換に企業が権利を得ると見込む対価の額（ただし、第三者のために回収する額を除く。）をいう。
独　立　販　売　価　格	財またはサービスを独立して企業が顧客に販売する場合の価格をいう。
契　約　資　産	企業が顧客に移転した財またはサービスと交換に受け取る対価に対する企業の権利（ただし、顧客との契約から生じた債権を除く。）をいう。
契　約　負　債	財またはサービスを顧客に移転する企業の義務に対して、企業が顧客から対価を受け取ったものまたは対価を受け取る期限が到来しているものをいう。
顧客との契約から生じた債権	企業が顧客に移転した財またはサービスと交換に受け取る対価に対する企業の権利のうち無条件のもの（すなわち、対価に対する法的請求権）をいう。
工　事　契　約	仕事の完成に対して対価が支払われる請負契約のうち、土木、建築、造船や一定の機械装置の製造等、基本的な仕様や作業内容を顧客の指図にもとづいて行うものをいう。
受注制作のソフトウェア	契約の形式にかかわらず、特定のユーザー向けに制作され、提供されるソフトウェアをいう。
原　価　回　収　基　準	履行義務を充足する際に発生する費用のうち、回収することが見込まれる費用の金額で収益を認識する方法をいう。

3 収益を認識するための手順

収益の認識は，次の５つのステップにより行われる。

> 1．顧客との契約の識別
>   本基準の適用対象となる契約かを判定
> 2．契約における履行義務の識別
>   収益の認識単位を決定
> 3．取引価格の算定
>   収益として計上する金額の決定
> 4．取引価格を契約における履行義務に配分
>   履行義務ごとに取引価格を配分
> 5．履行義務の充足による収益の認識
>   収益の計上タイミングの決定

1．顧客との契約の識別

その契約が，本基準の適用対象となる「顧客との契約」に該当するかを判定する。「顧客との契約」に該当するためには，次のすべての要件を満たす必要がある。

> (1) 当事者が，書面，口頭，取引慣行等により契約を承認し，それぞれの義務の履行を約束していること
> (2) 移転される財またはサービスに関する各当事者の権利を識別できること
> (3) 移転される財またはサービスの支払条件を識別できること
> (4) 契約に経済的実質があること(すなわち，契約の結果として，企業の将来キャッシュ・フローのリスク，時期または金額に変動が見込まれること)
> (5) 顧客に移転する財またはサービスと交換に企業が権利を得ることとなる対価を回収する可能性が高いこと

2．契約における履行義務の識別

契約に含まれる「履行義務」を明らかにする。契約における取引開始日に，顧客との契約において約束した財またはサービスを評価し，所定の要件を満たす場合には別個のものであるとして，それぞれについて履行義務として識別する。収益認識基準では，履行義務ごとに義務を充足した時点で収益を認識する。そのため，たとえ契約は１つであっても，複数の履行義務がある場合には，それぞれの履行義務が充足した時点で別々に収益を認識することになる。

3．取引価格の算定

識別した契約における「取引価格」を算定する。取引価格とは，収益として計上する金額の基礎となるものであり，財またはサービスの顧客への移転と交換に企業が権利を得ると見込む対価の額（ただし，第三者のために回収する金額を除く）をいう。なお，取引価格の算定にあたっては，変動対価，契約における重要な金融要素，顧客に支払われる対価などの影響を考慮する。

113

4. 取引価格を履行義務に配分

取引価格を各履行義務に配分する。1つの契約において複数の履行義務がある場合には,取引価格を契約において約束した別個の財またはサービスの独立販売価格(単独で販売する場合の価格)の比率にもとづき,各履行義務に配分する。独立販売価格を直接観察できない場合には,独立販売価格を見積る。

$$履行義務に対する取引価格 \ = \ 取引価格 \times \frac{履行義務の独立販売価格}{独立販売価格の合計}$$

5. 履行義務の充足による収益の認識

顧客に財またはサービスを移転することによる履行義務の充足をもって収益を認識する。なお,履行義務が充足されるタイミングは,次の2つがある。

(1) 一時点で充足される場合(商品の販売など)
⇨履行義務を充足した時点(一時点)で収益を認識
(2) 一定期間にわたり充足される場合(サービスの提供など)
⇨履行義務を充足するにつれて(一定期間)で収益を認識

(注) 財またはサービスの移転とは,顧客が当該財またはサービスに対する支配を獲得することをいう。なお,財またはサービスに対する支配とは,当該財またはサービスの使用を指図し,当該資産の残りの便益を享受する能力(他の企業が資産の使用を指図して資産から便益を享受することを妨げる能力を含む)のことをいう。

補足 一定の期間にわたり充足される履行義務

次の(1)から(3)の要件のいずれかを満たす場合,資産に対する支配を顧客に一定の期間にわたり移転することにより,一定の期間にわたり充足される履行義務に該当し,要件を満たさない場合には,一時点で充足される履行義務に該当することになる。

(1) 企業が顧客との契約における義務を履行するにつれて,顧客が便益を享受すること
(2) 企業が顧客との契約における義務を履行することにより,資産が生じるまたは資産の価値が増加し,当該資産が生じるまたは当該資産の価値が増加するにつれて,顧客が当該資産を支配すること
(3) 次の要件のいずれも満たすこと
① 企業が顧客との契約における義務を履行することにより,別の用途に転用することができない資産が生じること
② 企業が顧客との契約における義務の履行を完了した部分について,対価を収受する強制力のある権利を有していること

次の資料により，当期および翌期における収益の金額を答えなさい。

（資　料）

 1．当期首に当社はA社（顧客）と商品Xの販売と2年間の保守サービスを提供する契約を締結した（契約書記載の対価の額は12,000円）。

 2．当社はただちにA社に対し商品Xを引き渡し，当期首から翌期末まで保守サービスを行う。

 3．当社における商品Xの独立販売価格は11,000円であり，2年間の保守サービスの独立販売価格は4,000円であった。

【解　答】

当	期	10,400円
翌	期	1,600円

【解　説】

1．5つのステップ

(1)　**契約の識別**

顧客との契約に該当

(2)　**履行義務の識別**

履行義務 商品Xの販売	履行義務 保守サービスの提供

(3)　**取引価格の算定**

契約の取引価格12,000円

(4)　**取引価格の配分**

配分された取引価格 （＊1）8,800円	配分された取引価格 （＊2）3,200円

(5)　**履行義務の充足**
　　（収益の認識）

一時点で履行義務を充足	一定期間で履行義務を充足
当期の収益　　　8,800円	当期の収益（＊3）1,600円
	翌期の収益（＊3）1,600円

（＊1）$12,000円 \times \dfrac{11,000円〈商品Xの独立販売価格〉}{11,000円〈商品Xの独立販売価格〉+4,000円〈保守サービスの独立販売価格〉}$

　　　$= 8,800円$

（＊2）$12,000円 \times \dfrac{4,000円〈保守サービスの独立販売価格〉}{11,000円〈商品Xの独立販売価格〉+4,000円〈保守サービスの独立販売価格〉}$

　　　$= 3,200円$

（＊3）$3,200円 \times \dfrac{12か月}{24か月} = 1,600円$

2．仕訳

(1) 販売時

　顧客から受け取った対価のうち，履行義務を充足した商品Xの販売については収益を認識する。なお，2年間にわたる保守サービスについては，まだ履行義務を充足していないため収益を認識せず，契約負債として処理する。また，取引価格を独立販売価格の比率にもとづき，それぞれの履行義務に配分する。

（現　金　預　金）	12,000	（売　　　　　上）(＊1)	8,800
		（契　約　負　債）(＊2)	3,200

(2) 当期の決算時

　時間の経過にともない，履行義務を充足した保守サービスついて，契約負債を取り崩し，収益を認識する。

（契　約　負　債）	1,600	（売　　　　　上）(＊3)	1,600

　∴　当期の収益：8,800円＋1,600円＝10,400円

(3) 翌期の決算時

　時間の経過にともない，履行義務を充足した保守サービスついて，契約負債を取り崩し，収益を認識する。

（契　約　負　債）	1,600	（売　　　　　上）(＊3)	1,600

❹ 顧客との契約から生じた債権および契約資産，契約負債

　顧客から対価を受け取る前または受け取る期限が到来する前に，財またはサービスを顧客に移転した場合には，収益を認識し，契約資産または顧客との契約から生じた債権を貸借対照表に計上する。

1．顧客との契約から生じた債権

　顧客との契約から生じた債権とは，企業が顧客に移転した財またはサービスと交換に受け取る対価に対する企業の権利のうち無条件のもの（すなわち，対価に対する法的な請求権）をいう。当該債権は貸借対照表上，売掛金，受取手形等として表示する。

　　(注)「無条件のもの」とは，当該対価を受け取る期限が到来する前に必要となるのが時の経過のみであるものをいう。

2．契約資産

　契約資産とは，企業が顧客に移転した財またはサービスと交換に受け取る対価に対する企業の権利（ただし，顧客との契約から生じた債権を除く。）をいう。

企業が顧客に移転した商品
または，
サービスと交換に受け取る
対価に対する企業の権利
→　支払義務が発生しているもの（法的請求権があるもの）　⇨　顧客との契約から生じた債権
→　支払義務が発生していないもの（法的請求権がないもの）　⇨　契約資産

　　(注) 顧客との契約から生じた債権と契約資産は区分して表示するのが原則であるが，区分して表示しない場合には，それぞれの残高を注記する。

116

　次の資料により，(1)商品Ｘの引渡時，(2)商品Ｙの引渡時および，(3)代金回収時の仕訳を示しなさい。

（資　料）

1．当社はＡ社（顧客）と商品Ｘおよび商品Ｙを合わせて20,000円で販売する契約を締結した。当該契約締結後，ただちに商品Ｘの引渡しを行うが，商品Ｙの引渡しは当月末に行われる。
2．商品Ｘの引渡しに対する支払いは商品Ｙの引渡しを条件とすると定められている。
3．当社における商品Ｘおよび商品Ｙの独立販売価格は，12,000円および8,000円である。
4．商品Ｘおよび商品Ｙの引渡しは独立した履行義務であり，それぞれＡ社に引き渡した時点で収益を認識している。

【解答・解説】

(1) 商品Ｘの引渡時

　商品Ｘについて売上の計上を行う。ただし，対価の受取りについては，商品Ｘと商品Ｙの両方の引渡しが条件であるため，顧客との契約から生じた債権（対価に対する無条件の権利）では処理せず，契約資産として処理する。

（契　約　資　産）	12,000	（売　　　　　上）	12,000

(2) 商品Ｙの引渡時

　商品Ｘと商品Ｙの両方の引渡しが完了したため，顧客との契約から生じた債権（対価に対する無条件の権利）で処理し，商品Ｙについて売上の計上を行う。

（売　掛　金）	20,000	（契　約　資　産）	12,000
		（売　　　　　上）	8,000

(3) 代金回収時

（現　金　預　金）	20,000	（売　掛　金）	20,000

3. 契約負債

契約負債とは，財またはサービスを顧客に移転する企業の義務に対して，企業が顧客から対価を受け取ったものまたは受け取る期限が到来しているものをいう。契約負債は貸借対照表上，前受金等として表示することもある。

設例 4-3 　　　　　　　　　　　　　　　　　　　　　　　　　　　　　**仕 訳**

次の資料により，(1)契約締結時（入金および商品Xの引渡時）および(2)商品Yの引渡時の仕訳を示しなさい。

1. 当社は，顧客と商品Xおよび商品Yを合わせて 20,000 円で販売する契約を締結し，代金 20,000 円を現金預金で受け取った。当社は，直ちに商品Xの引渡しを行った。なお，商品Xおよび商品Yの引渡しは独立した履行義務であり，それぞれ顧客に引渡した時点で収益を認識する。また，当社における商品Xおよび商品Yの独立販売価格は，12,000 円および 8,000 円である。

2. 当社は，商品Yの引渡しを行った。

【解答・解説】

(1) 契約締結時（入金および商品Xの引渡時）

①　商品X

商品Xの引渡しが完了しているため，売上の計上を行う。

（現 金 預 金）	12,000	（売　　　　上）	12,000

②　商品Y（履行義務の充足× → Yの売上計上 × → 契約負債）

商品Yの引渡しが完了していないため，売上の計上は行わず，契約負債として処理する。

（現 金 預 金）	8,000	（契 約 負 債）	8,000

③　まとめ

（現 金 預 金）	20,000	（売　　　　上）	12,000
		（契 約 負 債）	8,000

(2) 商品Yの引渡時

商品Yの引渡しが完了したため，契約負債から売上に振り替える。

（契 約 負 債）	8,000	（売　　　　上）	8,000

5 収益の額の算定

1. 取引価格の算定

取引価格とは，収益計上額の基礎となるものであり，財またはサービスの顧客への移転と交換に企業が権利を得ると見込む対価の額（ただし，第三者のために回収する額を除く。）をいう。なお，取引価格の算定にあたっては，変動対価，契約における重要な金融要素，顧客に支払われる対価などの影響を考慮する。

> （注）第三者のために回収する額とは，第三者のために顧客からいったん対価を受け取り，第三者へ支払うものをいい，消費税等が該当する。

2. 変動対価

変動対価とは，顧客と約束した対価のうち変動する可能性のある部分をいう。変動対価の例として，値引き，リベート等の形態により対価の額が変動する場合や，返品権付販売などがある。

(1) 売上割戻（数量値引き）

割戻しとは，一定期間に多額または多量の取引をしたときに行われる商品代金の返戻額や免除額をいい，収益の著しい減額が発生する可能性がある場合には，取引価格に含めず，返金負債として処理する。

設例 4-4 　　　　　　　　　　　　　　　　　　　　　　　　　**仕 訳**

次の資料により，販売時の仕訳を示しなさい。なお，商品売買の会計処理は売上原価対立法による。

（資　料）

1. 当社は（3月決算会社）は，商品Xを1個あたり200千円（原価1個あたり160千円）で販売する契約を×1年4月1日にA社（顧客）と締結した。この契約における対価には変動性があり，A社が×2年3月31日までに商品Xを100個より多く購入する場合には，1個あたりの価格を遡及的に180千円に減額することを定めている。

2. ×1年4月30日に，当社は商品X25個をA社に掛販売した。なお，当社は，×2年3月31日までのA社の購入数量は100個を超えるであろうと見積り，1個あたりの価格を180千円に遡及的に減額することが必要になると判断した。

【解答・解説】

受け取る対価に対する現在の権利を有している場合には，当該金額において返金の対象となる可能性があるとしても，顧客との契約から生じた債権を認識する。また，顧客から受け取ったまたは受け取る対価の一部あるいは全部を顧客に返金すると見込む場合，受け取ったまたは受け取る対価の額のうち企業が権利を得ると見込まない額について，返金負債を認識する。

（売 掛 金）(＊1)	5,000	（売 上）(＊2)	4,500
		（返 金 負 債）(＊3)	500
（売 上 原 価）	4,000	（商 品）(＊4)	4,000

（＊1）@200千円×25個＝5,000千円〈顧客との契約から生じた債権〉
（＊2）@180千円×25個＝4,500千円
（＊3）（@200千円−@180千円）×25個＝500千円
（＊4）@160千円×25個＝4,000千円

---

(2) 返品権付き販売

返品権付きの商品などを販売した場合は，次の①から③のすべてについて処理する。

① 企業が権利を得ると見込む対価の額（②の返品されると見込まれる商品の対価を除く。）で収益を認識する。
② 返品されると見込まれる商品については，収益を認識せず，当該商品について受け取ったまたは受け取る対価の額で返金負債を認識する。
③ 返金負債の決済時に顧客から商品を回収する権利について資産（返品資産）を認識する。

（注）返品資産と返金負債は，相殺表示しないことに注意すること。

設例 4-5   仕 訳

次の資料により，(1)販売時および(2)返品時の仕訳を示しなさい。なお，商品売買の会計処理は売上原価対立法による。

（資　料）

1．当社は，商品Xの販売について，未使用品を販売後1か月の間に返品する場合，全額返金に応じることにしている。
2．当社は，商品Xを1個120千円（原価1個80千円）で100個現金により販売した。この契約では顧客が商品Xを返品することが認められているため，当社が顧客から受け取る対価は変動対価であり，当社は，商品Xが95個返品されないと見積った。
3．顧客から商品Xが5個返品され，当社は代金を現金で支払った。

【解答・解説】

(1) 販売時

① 収益の計上

返品されると見込む5個については収益を認識せず，返金負債で処理する。

（現 金 預 金）（＊1）	12,000	（売　　　　上）（＊2）	11,400
		（返 金 負 債）（＊3）	600

（＊1）@120千円×100個＝12,000千円
（＊2）@120千円×95個＝11,400千円
（＊3）100個－95個＝5個〈返品されると見込む個数〉
　　　　@120千円×5個＝600千円

② 原価の計上

返金負債の決済時に顧客から商品を回収する権利について，返品資産を認識する。

（売 上 原 価）（＊2）	7,600	（商　　　　品）（＊1）	8,000
（返 品 資 産）（＊3）	400		

（＊1）@80千円×100個＝8,000千円
（＊2）@80千円×95個＝7,600千円
（＊3）@80千円×5個＝400千円

(2) 返品時（見積5個＝実際5個）

① 代金の支払い

| （返　金　負　債） | 600 | （現　金　預　金） | 600 |

② 商品の回収

| （商　　　　　品） | 400 | （返　品　資　産） | 400 |

なお，返品の個数が見積りと異なった場合には，次のように処理する。

1．返品が4個だった場合（実際4個＜見積5個）

(1) 返品された4個分の処理

| （返　金　負　債）（＊1） | 480 | （現　金　預　金） | 480 |
| （商　　　　　品） | 320 | （返　品　資　産）（＊2） | 320 |

（＊1）@120円×4個＝480円
（＊2）@80円×4個＝320円

(2) 返品されなかった1個分の処理

返品されないことが確定した時点で，その商品に対する返金負債を売上，返品資産を売上原価に計上する。

| （返　金　負　債）（＊1） | 120 | （売　　　　　上） | 120 |
| （売　上　原　価） | 80 | （返　品　資　産）（＊2） | 80 |

（＊1）@120円×1個＝120円
（＊2）@80円×1個＝80円

(3) まとめ（(1)＋(2)）

（返　金　負　債）	600	（現　金　預　金）	480
		（売　　　　　上）	120
（商　　　　　品）	320	（返　品　資　産）	400
（売　上　原　価）	80		

2．返品が6個だった場合（実際6個＞見積5個）

(1) 見積りどおり返品された5個分の処理

| （返　金　負　債） | 600 | （現　金　預　金） | 600 |
| （商　　　　　品） | 400 | （返　品　資　産） | 400 |

(2) 見積りより多く返品された1個分の処理

見積りより多くの返品が行われた場合には，超過した商品に対する返金額を売上から，返金額に対して回収した商品の原価を売上原価から控除する。

| （売　　　　　上）（＊1） | 120 | （現　金　預　金） | 120 |
| （商　　　　　品） | 80 | （売　上　原　価）（＊2） | 80 |

（＊1）@120円×1個＝120円
（＊2）@80円×1個＝80円

(3) まとめ ((1)＋(2))

（返 金 負 債）	600		（現 金 預 金）	720			
（売 上）	120						
（商 品）	480		（返 品 資 産）	400			
			（売 上 原 価）	80			

補足　変動対価の見積方法

　変動対価の額の見積りにあたっては，最頻値による方法と期待値による方法のいずれかのうち，企業が権利を得ることとなる対価の額をより適切に予測できる方法を用いる。

1. 最頻値による方法

　最頻値による方法とは，発生し得ると考えられる対価の額における最も可能性の高い金額（最頻値）による方法である。

2. 期待値による方法

　期待値による方法とは，発生し得ると考えられる対価の額を確率で加重平均した金額（期待値）による方法である。

〈例〉　下記の資料により，(1)最頻値による方法と(2)期待値による方法により，返品されると見込む金額を求めなさい。

返品による支払額	発生する確率
800円	10%
1,000円	70%
1,400円	20%

(1)　最頻値による方法の場合：1,000円　← 発生する確率が最も高い

(2)　期待値による方法の場合：1,060円　← 800円×10％＋1,000×70％＋1,400円×20％

　割引とは，掛け代金の決済を支払期日より前のあらかじめ定められた一定期間内に行うことによる，代金の一部免除額をいい，販売側からは「売上割引」という。

　売上割引は変動対価に該当し，売上から控除するものと考えられる。売上割引の条件を付して商品等を販売し，後日受け取る対価が減額される可能性が高い場合には，減額されると見積もられる額を除いて収益を計上する。この場合，支払いの免除により減額されると見積もられた額については「返金負債」として計上する。

〈例〉以下の取引について，仕訳を示しなさい。なお，商品売買は三分法により記帳している。

1．当社は，×2年2月1日にA社に商品を10,000円で売り上げ，代金は掛けとした。支払期日は×2年3月31日であるが，×2年2月20日までに代金を支払った場合は代金の3％を割り引くという条件を付けた。当社は，これまでのA社の支払実績をもとに代金の3％分を除いた額を収益として計上する。

| （売　掛　金） | 10,000 | （返　金　負　債）（＊1） | 300 |
| | | （売　　　　　上）（＊2） | 9,700 |

　（＊1）10,000円×3％＝300円
　（＊2）10,000円－300円＝9,700円

2．×2年2月18日に販売代金から割引額を控除した額が当座預金口座に振り込まれた。

| （現　金　預　金） | 9,700 | （売　掛　金） | 10,000 |
| （返　金　負　債） | 300 | | |

3. 重要な金融要素

　顧客との契約に重要な金融要素（金利部分）が含まれている場合，取引価格の算定にあたっては，約束した対価の額に含まれる金利相当分の影響を調整する。収益は，約束した財またはサービスが顧客に移転した時点で，現金販売価格で計上し，金利部分は，各期に受取利息として配分する。

> （注）契約における取引開始日において，約束した財またはサービスを顧客に移転する時点と顧客が支払を行う時点の間が1年以内であると見込まれる場合には，重要な金融要素の影響について約束した対価の額を調整しないことができる。

設例 4-6　　　　　　　　　　　　　　　　　　　　　　　　　　仕　訳

　次の各取引について，仕訳を示しなさい。
　1．当社は，×1年度期首に原価8,000円の商品を10,000円（現金販売価格）で販売し，年利4%の金利相当額を加算した期間2年の約束手形10,816円（10,000 × 1.04²）で受け取った。この契約には，重要な金融要素が含まれている（金利相当分816円）と判断した。
　2．×1年度期末，当期分の利息を利息法により計上する。
　3．×2年度期末，当期分の利息を利息法により計上するとともに，手形代金を現金預金で受け取った。

【解答・解説】

(1) **販売時**

現金販売価格で売上を計上する。

（受 取 手 形）	10,000	（売 　 上）	10,000

(2) **×1年度期末**

（受 取 手 形）（＊）	400	（受 取 利 息）	400

（＊）10,000円 × 4% = 400円
（注）利息法とは，帳簿価額に対して利子率を乗じた金額を各期の利息配分額として計上する方法であるが，詳しい説明については，後述する。

(3) **×2年度期末**

① **利息の配分**

（受 取 手 形）（＊）	416	（受 取 利 息）	416

（＊）（10,000円 + 400円）× 4% = 416円

② **手形代金の受取り**

（現 金 預 金）	10,816	（受 取 手 形）	10,816

❻ 本人と代理人の区分

1. 本人に該当する場合

　顧客への財またはサービスの提供に他の当事者が関与している場合において，顧客との約束が当該財またはサービスを企業が自ら提供する履行義務であると判断され，企業が本人に該当するときには，財またはサービスの提供と交換に企業が権利を得ると見込む対価の総額を収益として認識する。

2. 代理人に該当する場合

　顧客への財またはサービスの提供に他の当事者が関与している場合において，顧客との約束が当該財またはサービスを当該他の事業者によって提供されるように企業が手配する履行義務であると判断され，企業が代理人に該当するときには，他の当事者により提供されるように手配することと交換に企業が権利を得ると見込む報酬または手数料の金額（あるいは他の当事者が提供する財またはサービスと交換に受け取る額から当該他の事業者に支払う額を控除した純額）を収益として認識する。

> 本人に該当する場合　→　収益を総額表示
> 代理人に該当する場合　→　収益を純額表示

参考　本人と代理人の判定

　財またはサービスを企業が自ら提供する履行義務であるのか，あるいは財またはサービスが他の当事者によって提供されるように企業が手配する履行義務であるのかは，以下のように判定する。

(1)　顧客に提供する財またはサービスを識別する。

(2)　財またはサービスのそれぞれが顧客に提供される前に，当該財またはサービスを企業が支配しているかどうかを判断する。支配していれば本人と判定され，支配していなければ代理人と判定される。

　なお，企業が(2)の財またはサービスを顧客に提供する前に支配しているかどうかを判定するにあたっては，例えば下記の3つの指標を考慮する。

①　企業が財またはサービスを提供するという約束の履行に対して主たる責任を有していること

②　企業が在庫リスクを有していること

③　財またはサービスの価格の設定において企業が裁量権を有していること

125

次の資料により，(1)仕入時，(2)販売時および(3)代金支払時の仕訳を示しなさい。なお，商品売買の会計処理は売上原価対立法による。

（資　料）

1．当社は，仕入先A社より商品Xを仕入れ，店舗に陳列し，販売を行っている。
2．当社は，店舗への商品納品時に検収を行い，その時点で商品の所有権は当社に移転する。商品に関する保管管理責任および商品に関するリスクも当社が負っている。
3．当社は，この契約において，自らは本人であると判断した。
4．当社は，自社の店舗で顧客に商品を販売するため，商品XをA社より7,000円で掛により取得した。
5．当社は，自社の店舗で商品Xを10,000円で顧客に現金で販売した。
6．買掛金7,000円を現金で支払った。

【解答・解説】

　このような契約を買取仕入契約といい，当社は本人に該当するため，通常の商品販売における会計処理を行う。

(1)　仕入時

（商　　　　品）	7,000	（買　掛　金）	7,000

(2)　販売時

顧客から受け取った額（総額）を収益として計上する。

（現　金　預　金）	10,000	（売　　　　上）	10,000
（売　上　原　価）	7,000	（商　　　品）	7,000

(3)　代金支払時

（買　掛　金）	7,000	（現　金　預　金）	7,000

　次の資料により，⑴仕入時，⑵販売時および⑶代金支払時の仕訳を示しなさい。なお，商品売買の会計処理は売上原価対立法による。

（資　料）
　1．当社は，仕入先B社より商品Yを仕入れ，店舗に陳列し，販売を行っている。
　2．当社は，店舗への商品納品時には検収を行わず，店舗にある商品の所有権はB社が保有しており，保管管理責任および商品に関するリスクもB社が有しており，販売価格の決定権もB社にある。なお，顧客への販売時に，商品の所有権はB社から当社に移転し，同時に顧客に移転する。当社は，商品の販売代金を顧客から受け取り，販売代金の70％をB社に対して支払う義務を負う。
　3．当社は，この契約において，自らは代理人であると判断した。
　4．当社は，顧客に商品Yを10,000円で販売し，代金は現金で受け取った。同時に，商品YのB社との契約にもとづき買掛金7,000円（10,000円×70％）を計上した。
　5．買掛金7,000円を現金で支払った。

【解答・解説】
　このような契約を消化仕入契約といい，当社は代理人に該当するため，売上および売上原価の計上は行わず，顧客から受け取った額からB社に対して支払う額を控除した純額を収益として計上する。

⑴　**仕入時**

仕　訳　な　し

⑵　**販売時**

（現　金　預　金）	10,000	（買　　掛　　金）	7,000
		（受 取 手 数 料）（＊）	3,000

　　（＊）10,000円 － 7,000円 ＝ 3,000円

⑶　**代金支払時**

（買　　掛　　金）	7,000	（現　金　預　金）	7,000

次の資料により，決算整理後残高試算表を完成しなさい。

（資料１）決算整理前残高試算表（一部）

決算整理前残高試算表			（単位：円）
商　　　　　品	10,000	商 品 売 上 高	125,000
商 品 売 上 原 価	90,000	受 取 手 数 料	40,000

（資料２）決算整理事項等

決算において，商品売上高のうち 40,000円（対応する商品売上原価は 30,000円）は，代理人としての販売に該当すると判明したので，商品売上高と商品売上原価の差額を受取手数料に振り替える。

【解　答】

決算整理後残高試算表			（単位：円）
商　　　　　品	10,000	商 品 売 上 高	85,000
商 品 売 上 原 価	60,000	受 取 手 数 料	50,000

【解　説】

代理人としての販売の場合には，「売上高」および「売上原価」を計上せずに，顧客から受け取った額から事業者に支払う額を控除した純額を「受取手数料」として計上する。

（商 品 売 上 高）	40,000	（商 品 売 上 原 価）	30,000
		（受 取 手 数 料）	10,000

7 商品券

1. 商品券とは

商品券とは，券面に記載された一定金額の商品を提供してもらうことのできる証券である。商品券には，(1)発行した企業が運営する店舗等でのみ使用できる「自社発行券」と(2)使用できる店舗等が発行企業に限定されず，加盟店で共通して利用できる「共通券（受取商品券）」の二つに大きく分類される。

2. 自社発行の商品券に関する会計処理

(1) 発行時

発行段階では，商品等の引渡しは行われていないので，「契約負債（発行商品券）」を計上する。

（現　金　預　金）	××	（契　約　負　債）	××
		発行商品券	

(2) 商品引渡時

商品引渡の段階で売上を計上する。自社発行券の場合，発行段階で契約負債を計上しているので，契約負債を取り崩す。

（契　約　負　債）	××	（売　　　　　上）	××
発行商品券			

(3) 非行使部分が生じる場合

商品券については，顧客が商品と引換えに来ないと見込まれる非行使部分が生じることがある。この商品券の非行使部分については，非行使部分のうち将来企業が権利を得ると見込む場合，当該非行使部分について，顧客による権利行使のパターンと比例的に収益を認識する。なお，比例的に収益を認識する金額は，非行使部分の金額に権利行使割合を乗じて算定する。

$$収益認識額 = 非行使部分 \times \frac{権利行使額}{権利行使見込額}（権利行使割合）$$

設例 4-10　　　　　　　　　　　　　　　　　　　　　　　仕　訳

次の各取引について，仕訳を示しなさい。
1．当社は，×1年度に顧客に商品券 10,000円を発行した。なお，商品券の非行使部分を過去の実績等から 2,000円と見積った。
2．×1年度に，4,000円の商品を販売し同額の商品券を受け取った。
3．×1年度末，当社は将来企業が権利を得ると見込まれる非行使部分 2,000円について，顧客による権利行使のパターンと比例的に収益を認識する。
4．×2年度，2,400円の商品を販売し，同額の商品券を受け取った。
5．×2年度末，当社は将来企業が権利を得ると見込まれる非行使部分 2,000円について，顧客による権利行使のパターンと比例的に収益を認識する。

【解答・解説】

(1) **商品券の発行時**

| （現　金　預　金） | 10,000 | （契　約　負　債） | 10,000 |

(2) **商品の引渡時**

| （契　約　負　債） | 4,000 | （売　　　上） | 4,000 |

(3) **非行使部分の収益認識額（×1年度末）**

非行使部分の金額に権利行使割合を乗じて算定する。

| （契　約　負　債）（＊） | 1,000 | （雑　収　入） | 1,000 |

（＊）10,000円〈発行額〉－2,000円〈非行使部分〉＝8,000円〈権利行使見込額〉

$$2,000円〈非行使部分〉× \frac{4,000円〈権利行使額〉}{8,000円〈権利行使見込額〉}（＝50％〈権利行使割合〉）＝1,000円$$

（注）「雑収入」は「売上」として処理することもある。

(4) **商品の引渡し**

| （契　約　負　債） | 2,400 | （売　　　上） | 2,400 |

(5) **非行使部分の収益認識額（×2年度末）**

| （契　約　負　債）（＊） | 600 | （雑　収　入） | 600 |

（＊）$2,000円〈非行使部分〉× \frac{2,400円〈権利行使額〉}{8,000円〈権利行使見込額〉}（＝30％〈権利行使割合〉）＝600円$

3. 共通券（受取商品券）に関する会計処理

(1) 共通券（受取商品券）の受取時

受取商品券を受け取り，商品等を引き渡した場合には，「受取商品券（資産）」として計上する。

| （受　取　商　品　券） | ×× | （売　　　上） | ×× |

(2) 共通券（受取商品券）の精算

受取商品券を精算（現金と交換）した場合には，受取商品券を減額する。

| （現　金　預　金） | ×× | （受　取　商　品　券） | ×× |

8 カスタマー・ロイヤルティ・プログラム（ポイント制度）

カスタマー・ロイヤルティ・プログラムとは，企業が財またはサービスを提供する契約に，追加の財またはサービスを値引き価格または無償で提供するオプションを付与する制度をいう。

顧客との契約において，既存の契約に加えて追加の財またはサービスを取得するオプションを顧客に付与する場合には，将来の財またはサービスが移転するとき，あるいは当該オプションが消滅するときに収益を認識する。

次の資料により，(1)商品の販売時および(2)ポイント使用時の仕訳を示しなさい。

（資 料）

1. 当社は，当社の商品を顧客が100円分購入するごとに26ポイントを顧客に付与するカスタマー・ロイヤルティ・プログラムを提供している。顧客は，ポイントを使用して，当社の商品を将来購入する際に1ポイントあたり1円の値引きを受けることができる。

2. ×1年度中に，顧客に商品4,000円を現金で販売し，1,040ポイントを付与した。当社は，販売時に将来1,000ポイントが使用されると見込んでおり，40ポイントは未使用であると見込んでいる。

3. 商品の独立販売価格は4,000円であり，ポイントの独立販売価格は，顧客により使用される可能性を考慮して1,000円と見積った。

4. ×1年度末までに，×1年度中に付与したポイント使用による売上が200円あった。なお，使用が見込まれるポイントの総数に変更はなかった。

【解答・解説】

1．商品の販売時

取引価格を独立販売価格の比率によって，商品販売分とポイント使用見込み分に配分する。商品販売分は「売上」に計上し，ポイント使用見込み分（商品等の引き渡し義務）は「契約負債」として計上する。

（現 金 預 金）	4,000	（売 上）(*1)	3,200
		（契 約 負 債）(*2)	800

$$（*1）4,000円〈取引価格〉\times \frac{4,000円〈商品販売分の独立販売価格〉}{4,000円〈商品販売分の独立販売価格〉+1,000円〈ポイントの独立販売価格〉}$$
$$=3,200円$$

$$（*2）4,000円〈取引価格〉\times \frac{1,000円〈ポイントの独立販売価格〉}{4,000円〈商品販売分の独立販売価格〉+1,000円〈ポイントの独立販売価格〉}$$
$$=800円$$

2．ポイント使用時

ポイントが使用された場合には，使用されたポイントに対応する「契約負債」を「売上」に振り替える。

（契 約 負 債）(*)	160	（売 上）	160

$$（*）800円〈契約負債〉\times \frac{200ポイント〈使用ポイント〉}{1,000ポイント〈使用見込み総ポイント〉}=160円$$

ポイント付与時に計上した契約負債は，ポイントが使用された会計期間において，契約負債から売上に振り替えるが，使用されると見込むポイント総数は，会計期間ごとに見直しが行われる。なお，使用されると見込むポイント総数を変更した場合には，契約負債から売上への振替額は，次のように計算する。

$$収益認識額 ＝ 当初の契約負債計上額 \times \frac{使用されたポイントの累計額}{変更後の使用見込みポイント総数} － 過年度収益計上額$$

〈例〉次の資料により，商品の販売時および各決算日の仕訳を示しなさい。

（資　料）

(1) 当社は，当社の商品を顧客が100円分購入するごとに26ポイントを顧客に付与するカスタマー・ロイヤルティ・プログラムを提供している。顧客は，ポイントを使用して，当社の商品を将来購入する際に1ポイントあたり1円の値引きを受けることができる。

(2) ×1年度中に，顧客に商品4,000円を現金で販売し，1,040ポイントを付与した。当社は，販売時に将来1,000ポイントが使用されると見込んでおり，40ポイントは未使用であると見込んでいる。

(3) 商品の独立販売価格は4,000円であり，ポイントの独立販売価格は，顧客により使用される可能性を考慮して1,000円と見積った。

(4) ×2年度末において使用されるポイント総数の見積りを900ポイントに変更した。

(5) 各年度に使用されたポイント，決算日までに使用されたポイント累計および使用されると見込むポイント総数は次のとおりである。

	×1年度	×2年度	×3年度
各年度に使用されたポイント	200ポイント	430ポイント	270ポイント
決算日までに使用されたポイント累計	200ポイント	630ポイント	900ポイント
使用されると見込むポイントの総数	1,000ポイント	900ポイント	900ポイント

【解答・解説】

1．商品の販売時

取引価格を独立販売価格の比率によって，商品販売分とポイント使用見込み分に配分する。商品販売分は「売上」に計上し，ポイント使用見込み分（商品等の引き渡し義務）は「契約負債」として計上する。

（現　金　預　金）	4,000	（売　　　　　上）（＊1）	3,200
		（契　約　負　債）（＊2）	800

（＊1）$4,000円〈取引価格〉\times \dfrac{4,000円〈商品販売分の独立販売価格〉}{4,000円〈商品販売分の独立販売価格〉＋1,000円〈ポイントの独立販売価格〉}$
　　　　＝3,200円

（＊2）$4,000円〈取引価格〉\times \dfrac{1,000円〈ポイントの独立販売価格〉}{4,000円〈商品販売分の独立販売価格〉＋1,000円〈ポイントの独立販売価格〉}$
　　　　＝800円

2．×1年度末

（契　約　負　債）（＊）	160	（売　　　　　上）	160

（＊）800円〈契約負債〉× $\dfrac{200\text{ポイント〈使用されたポイント累計〉}}{1,000\text{ポイント〈使用見込み総ポイント〉}}$ ＝160円

3．×2年度末

（契　約　負　債）（＊）	400	（売　　　　　上）	400

（＊）800円〈契約負債〉× $\dfrac{630\text{ポイント〈使用されたポイント累計〉}}{900\text{ポイント〈変更後の使用見込み総ポイント〉}}$ －160円＝400円

4．×3年度末

（契　約　負　債）（＊）	240	（売　　　　　上）	240

（＊）800円－160円－400円＝240円

9 収益認識に関する会計基準　　理論

「収益認識に関する会計基準」

Ⅰ．範　囲

3．本会計基準は，次の(1)から(7)を除き，顧客との契約から生じる収益に関する会計処理及び開示に適用される。

(1) 企業会計基準第10号「金融商品に関する会計基準」（以下「金融商品会計基準」という。）の範囲に含まれる金融商品に係る取引

(2) 企業会計基準第13号「リース取引に関する会計基準」（以下「リース会計基準」という。）の範囲に含まれるリース取引

(3) 保険法（平成20年法律第56号）における定義を満たす保険契約

(4) 顧客又は潜在的な顧客への販売を容易にするために行われる同業他社との商品又は製品の交換取引（例えば，2つの企業の間で，異なる場所における顧客からの需要を適時に満たすために商品又は製品を交換する契約）

(5) 金融商品の組成又は取得に際して受け取る手数料

(6) 日本公認会計士協会 会計制度委員会報告第15号「特別目的会社を活用した不動産の流動化に係る譲渡人の会計処理に関する実務指針」（以下「不動産流動化実務指針」という。）の対象となる不動産（不動産信託受益権を含む。）の譲渡

(7) 資金決済に関する法律（平成21年法律第59号。以下「資金決済法」という。）における定義を満たす暗号資産及び金融商品取引法（昭和23年法律第25号）における定義を満たす電子記録移転権利に関連する取引

4．顧客との契約の一部が前項(1)から(7)に該当する場合には，前項(1)から(7)に適用される方法で処理する額を除いた取引価格について，本会計基準を適用する。

Ⅱ．用語の定義

5. 「契約」とは，法的な強制力のある権利及び義務を生じさせる複数の当事者間における取決めをいう。

6. 「顧客」とは，対価と交換に企業の通常の営業活動により生じたアウトプットである財又はサービスを得るために当該企業と契約した当事者をいう。

7. 「履行義務」とは，顧客との契約において，次の(1)又は(2)のいずれかを顧客に移転する約束をいう。
   (1) 別個の財又はサービス（あるいは別個の財又はサービスの束）
   (2) 一連の別個の財又はサービス（特性が実質的に同じであり，顧客への移転のパターンが同じである複数の財又はサービス）

8. 「取引価格」とは，財又はサービスの顧客への移転と交換に企業が権利を得ると見込む対価の額（ただし，第三者のために回収する額を除く。）をいう。

9. 「独立販売価格」とは，財又はサービスを独立して企業が顧客に販売する場合の価格をいう。

10. 「契約資産」とは，企業が顧客に移転した財又はサービスと交換に受け取る対価に対する企業の権利（ただし，顧客との契約から生じた債権を除く。）をいう。

11. 「契約負債」とは，財又はサービスを顧客に移転する企業の義務に対して，企業が顧客から対価を受け取ったもの又は対価を受け取る期限が到来しているものをいう。

12. 「顧客との契約から生じた債権」とは，企業が顧客に移転した財又はサービスと交換に受け取る対価に対する企業の権利のうち無条件のもの（すなわち，対価に対する法的な請求権）をいう。

13. 「工事契約」とは，仕事の完成に対して対価が支払われる請負契約のうち，土木，建築，造船や一定の機械装置の製造等，基本的な仕様や作業内容を顧客の指図に基づいて行うものをいう。

14. 「受注制作のソフトウェア」とは，契約の形式にかかわらず，特定のユーザー向けに制作され，提供されるソフトウェアをいう。

15. 「原価回収基準」とは，履行義務を充足する際に発生する費用のうち，回収することが見込まれる費用の金額で収益を認識する方法をいう。

Ⅲ．会計処理

1．基本となる原則

16. 本会計基準の基本となる原則は，約束した財又はサービスの顧客への移転を当該財又はサービスと交換に企業が権利を得ると見込む対価の額で描写するように，収益を認識することである。

17. 前項の基本となる原則に従って収益を認識するために，次の(1)から(5)のステップを適用する。
   (1) 顧客との契約を識別する（第19項から第31項参照）。
      本会計基準の定めは，顧客と合意し，かつ，所定の要件を満たす契約に適用する。

(2) 契約における履行義務を識別する（第32項から第34項参照）。

　　契約において顧客への移転を約束した財又はサービスが，所定の要件を満たす場合には別個のものであるとして，当該約束を履行義務として区分して識別する。

(3) 取引価格を算定する（第47項から第64項参照）。

　　変動対価又は現金以外の対価の存在を考慮し，金利相当分の影響及び顧客に支払われる対価について調整を行い，取引価格を算定する。

(4) 契約における履行義務に取引価格を配分する（第65項から第76項参照）。

　　契約において約束した別個の財又はサービスの独立販売価格の比率に基づき，それぞれの履行義務に取引価格を配分する。独立販売価格を直接観察できない場合には，独立販売価格を見積る。

(5) 履行義務を充足した時に又は充足するにつれて収益を認識する（第35項から第45項参照）。

　　約束した財又はサービスを顧客に移転することにより履行義務を充足した時に又は充足するにつれて，充足した履行義務に配分された額で収益を認識する。履行義務は，所定の要件を満たす場合には一定の期間にわたり充足され，所定の要件を満たさない場合には一時点で充足される。

18. 本会計基準の定めは，顧客との個々の契約を対象として適用する。

　　ただし，本会計基準の定めを複数の特性の類似した契約又は履行義務から構成されるグループ全体を対象として適用することによる財務諸表上の影響が，当該グループの中の個々の契約又は履行義務を対象として適用することによる影響と比較して重要性のある差異を生じさせないことが合理的に見込まれる場合に限り，当該グループ全体を対象として本会計基準の定めを適用することができる。この場合，当該グループの規模及び構成要素を反映する見積り及び仮定を用いる。

2．収益の認識基準
（1）契約の識別

19. 本会計基準を適用するにあたっては，次の(1)から(5)の要件のすべてを満たす顧客との契約を識別する。

(1) 当事者が，書面，口頭，取引慣行等により契約を承認し，それぞれの義務の履行を約束していること

(2) 移転される財又はサービスに関する各当事者の権利を識別できること

(3) 移転される財又はサービスの支払条件を識別できること

(4) 契約に経済的実質があること（すなわち，契約の結果として，企業の将来キャッシュ・フローのリスク，時期又は金額が変動すると見込まれること）

(5) 顧客に移転する財又はサービスと交換に企業が権利を得ることとなる対価を回収する可能性が高いこと

　　当該対価を回収する可能性の評価にあたっては，対価の支払期限到来時における顧客が支払う意思と能力を考慮する。

20. 契約とは，法的な強制力のある権利及び義務を生じさせる複数の当事者間における取決めをいう（第5項参照）。契約における権利及び義務の強制力は法的な概念に基づくものであり，契約は書面，口頭，取引慣行等により成立する。顧客との契約締結に関する慣行及び手続は，国，業種又は企業により異なり，同一企業内でも異なる場合がある（例えば，顧客の属性や，約束した財又はサービスの性質により異なる場合がある。）。そのため，それらを考慮して，顧客との合意が強制力のある権利及び義務を生じさせるのかどうか並びにいつ生じさせるのかを判断する。

21. 本会計基準は，契約の当事者が現在の強制力のある権利及び義務を有している契約期間を対象として適用される。

22. 契約の当事者のそれぞれが，他の当事者に補償することなく完全に未履行の契約を解約する一方的で強制力のある権利を有している場合には，当該契約に本会計基準を適用しない。

　　完全に未履行の契約とは，次の(1)及び(2)のいずれも満たす契約である。

⑴　企業が約束した財又はサービスを顧客に未だ移転していない。

⑵　企業が，約束した財又はサービスと交換に，対価を未だ受け取っておらず，対価を受け取る権利も未だ得ていない。

23. 顧客との契約が契約における取引開始日において第19項の要件を満たす場合には，事実及び状況の重要な変化の兆候がない限り，当該要件を満たすかどうかについて見直しを行わない。

24. 顧客との契約が第19項の要件を満たさない場合には，当該要件を事後的に満たすかどうかを引き続き評価し，顧客との契約が当該要件を満たしたときに本会計基準を適用する。

25. 顧客との契約が第19項の要件を満たさない場合において，顧客から対価を受け取った際には，次の(1)又は(2)のいずれかに該当するときに，受け取った対価を収益として認識する。

⑴　財又はサービスを顧客に移転する残りの義務がなく，約束した対価のほとんどすべてを受け取っており，顧客への返金は不要であること

⑵　契約が解約されており，顧客から受け取った対価の返金は不要であること

26. 顧客から受け取った対価については，前項(1)又は(2)のいずれかに該当するまで，あるいは，第19項の要件が事後的に満たされるまで（第24項参照），将来における財又はサービスを移転する義務又は対価を返金する義務として，負債を認識する。

（2）契約の結合

27. 同一の顧客（当該顧客の関連当事者を含む。）と同時又はほぼ同時に締結した複数の契約について，次の(1)から(3)のいずれかに該当する場合には，当該複数の契約を結合し，単一の契約とみなして処理する。

⑴　当該複数の契約が同一の商業的目的を有するものとして交渉されたこと

⑵　1つの契約において支払われる対価の額が，他の契約の価格又は履行により影響を受けること

(3) 当該複数の契約において約束した財又はサービスが，第32項から第34項に従うと単一の履行義務となること

（3）契約変更

28. 契約変更は，契約の当事者が承認した契約の範囲又は価格（あるいはその両方）の変更であり，契約の当事者が，契約の当事者の強制力のある権利及び義務を新たに生じさせる変更又は既存の強制力のある権利及び義務を変化させる変更を承認した場合に生じるものである。

　　契約の当事者が契約変更を承認していない場合には，契約変更が承認されるまで，本会計基準を既存の契約に引き続き適用する。

29. 契約の当事者が契約の範囲の変更を承認したが，変更された契約の範囲に対応する価格の変更を決定していない場合には，第50項から第52項及び第54項に従って，当該契約変更による取引価格の変更を見積る。

30. 契約変更について，次の(1)及び(2)の要件のいずれも満たす場合には，当該契約変更を独立した契約として処理する。

(1) 別個の財又はサービス（第34項参照）の追加により，契約の範囲が拡大されること

(2) 変更される契約の価格が，追加的に約束した財又はサービスに対する独立販売価格に特定の契約の状況に基づく適切な調整を加えた金額分だけ増額されること

31. 契約変更が前項の要件を満たさず，独立した契約として処理されない場合には，契約変更日において未だ移転していない財又はサービスについて，それぞれ次の(1)から(3)のいずれかの方法により処理する。

(1) 未だ移転していない財又はサービスが契約変更日以前に移転した財又はサービスと別個のものである場合には，契約変更を既存の契約を解約して新しい契約を締結したものと仮定して処理する。残存履行義務に配分すべき対価の額は，次の①及び②の合計額とする。

　　① 顧客が約束した対価（顧客から既に受け取った額を含む。）のうち，取引価格の見積りに含まれているが収益として認識されていない額

　　② 契約変更の一部として約束された対価

(2) 未だ移転していない財又はサービスが契約変更日以前に移転した財又はサービスと別個のものではなく，契約変更日において部分的に充足されている単一の履行義務の一部を構成する場合には，契約変更を既存の契約の一部であると仮定して処理する。これにより，完全な履行義務の充足に向けて財又はサービスに対する支配（第37項参照）を顧客に移転する際の企業の履行を描写する進捗度（以下「履行義務の充足に係る進捗度」という。）及び取引価格が変更される場合は，契約変更日において収益の額を累積的な影響に基づき修正する。

(3) 未だ移転していない財又はサービスが(1)と(2)の両方を含む場合には，契約変更が変更後の契約における未充足の履行義務に与える影響を，それぞれ(1)又は(2)の方法に基づき処理する。

（4）履行義務の識別

32. 契約における取引開始日に，顧客との契約において約束した財又はサービスを評価し，次の(1)又は(2)のいずれかを顧客に移転する約束のそれぞれについて履行義務として識別する（第7項参照）。

  (1) 別個の財又はサービス（第34項参照）（あるいは別個の財又はサービスの束）

  (2) 一連の別個の財又はサービス（特性が実質的に同じであり，顧客への移転のパターンが同じである複数の財又はサービス）（第33項参照）

33. 前項(2)における一連の別個の財又はサービスは，次の(1)及び(2)の要件のいずれも満たす場合には，顧客への移転のパターンが同じであるものとする。

  (1) 一連の別個の財又はサービスのそれぞれが，第38項における一定の期間にわたり充足される履行義務の要件を満たすこと

  (2) 第41項及び第42項に従って，履行義務の充足に係る進捗度の見積りに，同一の方法が使用されること

（別個の財又はサービス）

34. 顧客に約束した財又はサービスは，次の(1)及び(2)の要件のいずれも満たす場合には，別個のものとする。

  (1) 当該財又はサービスから単独で顧客が便益を享受することができること，あるいは，当該財又はサービスと顧客が容易に利用できる他の資源を組み合わせて顧客が便益を享受することができること（すなわち，当該財又はサービスが別個のものとなる可能性があること）

  (2) 当該財又はサービスを顧客に移転する約束が，契約に含まれる他の約束と区分して識別できること（すなわち，当該財又はサービスを顧客に移転する約束が契約の観点において別個のものとなること）

（5）履行義務の充足による収益の認識

35. 企業は約束した財又はサービス（本会計基準において，顧客との契約の対象となる財又はサービスについて，以下「資産」と記載することもある。）を顧客に移転することにより履行義務を充足した時に又は充足するにつれて，収益を認識する。資産が移転するのは，顧客が当該資産に対する支配を獲得した時又は獲得するにつれてである。

36. 契約における取引開始日に，第38項及び第39項に従って，識別された履行義務のそれぞれが，一定の期間にわたり充足されるものか又は一時点で充足されるものかを判定する。

37. 資産に対する支配とは，当該資産の使用を指図し，当該資産からの残りの便益のほとんどすべてを享受する能力（他の企業が資産の使用を指図して資産から便益を享受することを妨げる能力を含む。）をいう。

（一定の期間にわたり充足される履行義務）

38. 次の(1)から(3)の要件のいずれかを満たす場合，資産に対する支配を顧客に一定の期間にわたり移転することにより，一定の期間にわたり履行義務を充足し収益を認識する。
   (1) 企業が顧客との契約における義務を履行するにつれて，顧客が便益を享受すること
   (2) 企業が顧客との契約における義務を履行することにより，資産が生じる又は資産の価値が増加し，当該資産が生じる又は当該資産の価値が増加するにつれて，顧客が当該資産を支配すること
   (3) 次の要件のいずれも満たすこと
      ① 企業が顧客との契約における義務を履行することにより，別の用途に転用することができない資産が生じること
      ② 企業が顧客との契約における義務の履行を完了した部分について，対価を収受する強制力のある権利を有していること

（一時点で充足される履行義務）

39. 前項(1)から(3)の要件のいずれも満たさず，履行義務が一定の期間にわたり充足されるものではない場合には，一時点で充足される履行義務として，資産に対する支配を顧客に移転することにより当該履行義務が充足される時に，収益を認識する。

40. 資産に対する支配を顧客に移転した時点を決定するにあたっては，第37項の定めを考慮する。また，支配の移転を検討する際には，例えば，次の(1)から(5)の指標を考慮する。
   (1) 企業が顧客に提供した資産に関する対価を収受する現在の権利を有していること
   (2) 顧客が資産に対する法的所有権を有していること
   (3) 企業が資産の物理的占有を移転したこと
   (4) 顧客が資産の所有に伴う重大なリスクを負い，経済価値を享受していること
   (5) 顧客が資産を検収したこと

（履行義務の充足に係る進捗度）

41. 一定の期間にわたり充足される履行義務については，履行義務の充足に係る進捗度を見積り，当該進捗度に基づき収益を一定の期間にわたり認識する。

42. 一定の期間にわたり充足される履行義務については，単一の方法で履行義務の充足に係る進捗度を見積り，類似の履行義務及び状況に首尾一貫した方法を適用する。

43. 履行義務の充足に係る進捗度は，各決算日に見直し，当該進捗度の見積りを変更する場合は，会計上の見積りの変更として処理する。

44. 履行義務の充足に係る進捗度を合理的に見積ることができる場合にのみ，一定の期間にわたり充足される履行義務について収益を認識する。

45. 履行義務の充足に係る進捗度を合理的に見積ることができないが，当該履行義務を充足する際に発生する費用を回収することが見込まれる場合には，履行義務の充足に係る進捗度を合理的に見積ることができる時まで，一定の期間にわたり充足される履行義務について原価回収基準により処理する。

3．収益の額の算定

（1）取引価格に基づく収益の額の算定

46．履行義務を充足した時に又は充足するにつれて，取引価格（第54項の定めを考慮する。）のうち，当該履行義務に配分した額について収益を認識する。

（2）取引価格の算定

47．取引価格とは，財又はサービスの顧客への移転と交換に企業が権利を得ると見込む対価の額（ただし，第三者のために回収する額を除く。）をいう（第8項参照）。取引価格の算定にあたっては，契約条件や取引慣行等を考慮する。

48．顧客により約束された対価の性質，時期及び金額は，取引価格の見積りに影響を与える。取引価格を算定する際には，次の(1)から(4)のすべての影響を考慮する。

(1) 変動対価（第50項から第55項参照）

(2) 契約における重要な金融要素（第56項から第58項参照）

(3) 現金以外の対価（第59項から第62項参照）

(4) 顧客に支払われる対価（第63項及び第64項参照）

49．取引価格を算定する際には，財又はサービスが契約に従って顧客に移転され，契約の取消，更新又は変更はないものと仮定する。

（変動対価）

50．顧客と約束した対価のうち変動する可能性のある部分を「変動対価」という。契約において，顧客と約束した対価に変動対価が含まれる場合，財又はサービスの顧客への移転と交換に企業が権利を得ることとなる対価の額を見積る。

51．変動対価の額の見積りにあたっては，発生し得ると考えられる対価の額における最も可能性の高い単一の金額（最頻値）による方法又は発生し得ると考えられる対価の額を確率で加重平均した金額（期待値）による方法のいずれかのうち，企業が権利を得ることとなる対価の額をより適切に予測できる方法を用いる。

52．変動対価の額に関する不確実性の影響を見積るにあたっては，契約全体を通じて単一の方法を首尾一貫して適用する。また，企業が合理的に入手できるすべての情報を考慮し，発生し得ると考えられる対価の額について合理的な数のシナリオを識別する。

53．顧客から受け取った又は受け取る対価の一部あるいは全部を顧客に返金すると見込む場合，受け取った又は受け取る対価の額のうち，企業が権利を得ると見込まない額について，返金負債を認識する。返金負債の額は，各決算日に見直す。

54．第51項に従って見積られた変動対価の額については，変動対価の額に関する不確実性が事後的に解消される際に，解消される時点までに計上された収益の著しい減額が発生しない可能性が高い部分に限り，取引価格に含める。

55．見積った取引価格は，各決算日に見直し，取引価格が変動する場合には，第74項から第76項の定めを適用する。

（契約における重要な金融要素）

56. 契約の当事者が明示的又は黙示的に合意した支払時期により，財又はサービスの顧客への移転に係る信用供与についての重要な便益が顧客又は企業に提供される場合には，顧客との契約は重要な金融要素を含むものとする。

57. 顧客との契約に重要な金融要素が含まれる場合，取引価格の算定にあたっては，約束した対価の額に含まれる金利相当分の影響を調整する。収益は，約束した財又はサービスが顧客に移転した時点で（又は移転するにつれて），当該財又はサービスに対して顧客が支払うと見込まれる現金販売価格を反映する金額で認識する。

58. 契約における取引開始日において，約束した財又はサービスを顧客に移転する時点と顧客が支払を行う時点の間が1年以内であると見込まれる場合には，重要な金融要素の影響について約束した対価の額を調整しないことができる。

（現金以外の対価）

59. 契約における対価が現金以外の場合に取引価格を算定するにあたっては，当該対価を時価により算定する。

60. 現金以外の対価の時価を合理的に見積ることができない場合には，当該対価と交換に顧客に約束した財又はサービスの独立販売価格を基礎として当該対価を算定する。

61. 現金以外の対価の時価が変動する理由が，株価の変動等，対価の種類によるものだけではない場合（例えば，企業が顧客との契約における義務を履行するにつれて時価が変動する場合）には，第54項の定めを適用する。

62. 企業による契約の履行に資するために，顧客が財又はサービス（例えば，材料，設備又は労働）を企業に提供する場合には，企業は，顧客から提供された財又はサービスに対する支配を獲得するかどうかを判定する。顧客から提供された財又はサービスに対する支配を獲得する場合には，当該財又はサービスを，顧客から受け取る現金以外の対価として処理する。

（顧客に支払われる対価）

63. 顧客に支払われる対価は，企業が顧客（あるいは顧客から企業の財又はサービスを購入する他の当事者）に対して支払う又は支払うと見込まれる現金の額や，顧客が企業（あるいは顧客から企業の財又はサービスを購入する他の当事者）に対する債務額に充当できるもの（例えば，クーポン）の額を含む。

　　顧客に支払われる対価は，顧客から受領する別個の財又はサービスと交換に支払われるものである場合を除き，取引価格から減額する。顧客に支払われる対価に変動対価が含まれる場合には，取引価格の見積りを第50項から第54項に従って行う。

64. 顧客に支払われる対価を取引価格から減額する場合には，次の(1)又は(2)のいずれか遅い方が発生した時点で（又は発生するにつれて），収益を減額する。

(1) 関連する財又はサービスの移転に対する収益を認識する時

(2) 企業が対価を支払うか又は支払を約束する時（当該支払が将来の事象を条件とする場合も含む。また，支払の約束は，取引慣行に基づくものも含む。）

（3）履行義務への取引価格の配分

65. それぞれの履行義務（あるいは別個の財又はサービス）に対する取引価格の配分は，財又はサービスの顧客への移転と交換に企業が権利を得ると見込む対価の額を描写するように行う。

66. 財又はサービスの独立販売価格の比率に基づき，契約において識別したそれぞれの履行義務に取引価格を配分する。ただし，第70項から第73項の定めを適用する場合を除く。

67. 契約に単一の履行義務しかない場合には，第68項から第73項の定めを適用しない。ただし，第32項(2)に従って一連の別個の財又はサービスを移転する約束が単一の履行義務として識別され，かつ，約束された対価に変動対価が含まれる場合には，第72項及び第73項の定めを適用する。

（独立販売価格に基づく配分）

68. 第66項に従って財又はサービスの独立販売価格の比率に基づき取引価格を配分する際には，契約におけるそれぞれの履行義務の基礎となる別個の財又はサービスについて，契約における取引開始日の独立販売価格を算定し，取引価格を当該独立販売価格の比率に基づき配分する。

69. 財又はサービスの独立販売価格を直接観察できない場合には，市場の状況，企業固有の要因，顧客に関する情報等，合理的に入手できるすべての情報を考慮し，観察可能な入力数値を最大限利用して，独立販売価格を見積る。類似の状況においては，見積方法を首尾一貫して適用する。

（値引きの配分）

70. 契約における約束した財又はサービスの独立販売価格の合計額が当該契約の取引価格を超える場合には，契約における財又はサービスの束について顧客に値引きを行っているものとして，当該値引きについて，契約におけるすべての履行義務に対して比例的に配分する。

71. 前項の定めにかかわらず，次の(1)から(3)の要件のすべてを満たす場合には，契約における履行義務のうち1つ又は複数（ただし，すべてではない。）に値引きを配分する。

（1）契約における別個の財又はサービス（あるいは別個の財又はサービスの束）のそれぞれを，通常，単独で販売していること

（2）当該別個の財又はサービスのうちの一部を束にしたものについても，通常，それぞれの束に含まれる財又はサービスの独立販売価格から値引きして販売していること

（3）(2)における財又はサービスの束のそれぞれに対する値引きが，当該契約の値引きとほぼ同額であり，それぞれの束に含まれる財又はサービスを評価することにより，当該契約の値引き全体がどの履行義務に対するものかについて観察可能な証拠があること

（変動対価の配分）

72．次の(1)及び(2)の要件のいずれも満たす場合には，変動対価及びその事後的な変動のすべてを，1つの履行義務あるいは第32項(2)に従って識別された単一の履行義務に含まれる1つの別個の財又はサービスに配分する。

(1)　変動性のある支払の条件が，当該履行義務を充足するための活動や当該別個の財又はサービスを移転するための活動（あるいは当該履行義務の充足による特定の結果又は当該別個の財又はサービスの移転による特定の結果）に個別に関連していること

(2)　契約における履行義務及び支払条件のすべてを考慮した場合，変動対価の額のすべてを当該履行義務あるいは当該別個の財又はサービスに配分することが，企業が権利を得ると見込む対価の額を描写すること

73．前項の要件を満たさない残りの取引価格については，第65項から第71項の定めに従って配分する。

（4）取引価格の変動

74．取引価格の事後的な変動については，契約における取引開始日後の独立販売価格の変動を考慮せず，契約における取引開始日と同じ基礎により契約における履行義務に配分する。取引価格の事後的な変動のうち，既に充足した履行義務に配分された額については，取引価格が変動した期の収益の額を修正する。

75．第72項の要件のいずれも満たす場合には，取引価格の変動のすべてについて，次の(1)又は(2)のいずれかに配分する。

(1)　1つ又は複数の（ただし，すべてではない。）履行義務

(2)　第32項(2)に従って識別された単一の履行義務に含まれる1つ又は複数の（ただし，すべてではない。）別個の財又はサービス

76．契約変更によって生じる取引価格の変動は，第28項から第31項に従って処理する。契約変更が第30項の要件を満たさず，独立した契約として処理されない場合（第31項参照），当該契約変更を行った後に生じる取引価格の変動について，第74項及び第75項の定めに従って，次の(1)又は(2)のいずれかの方法で配分する。

(1)　取引価格の変動が契約変更の前に約束された変動対価の額に起因し，当該契約変更を第31項(1)に従って処理する場合には，取引価格の変動を契約変更の前に識別した履行義務に配分する。

(2)　当該契約変更を第31項(1)に従って処理しない場合には，取引価格の変動を契約変更の直後に充足されていない又は部分的に充足されていない履行義務に配分する。

4．契約資産，契約負債及び顧客との契約から生じた債権

77. 顧客から対価を受け取る前又は対価を受け取る期限が到来する前に，財又はサービスを顧客に移転した場合は，収益を認識し，契約資産又は顧客との契約から生じた債権を貸借対照表に計上する。

　本会計基準に定めのない契約資産の会計処理は，金融商品会計基準における債権の取扱いに準じて処理する。また，外貨建ての契約資産に係る外貨換算については，企業会計審議会「外貨建取引等会計処理基準」（以下「外貨建取引等会計処理基準」という。）の外貨建金銭債権債務の換算の取扱いに準じて処理する。

78. 財又はサービスを顧客に移転する前に顧客から対価を受け取る場合，顧客から対価を受け取った時又は対価を受け取る期限が到来した時のいずれか早い時点で，顧客から受け取る対価について契約負債を貸借対照表に計上する。

Ⅳ．開　示
1．表　示

78－2．顧客との契約から生じる収益を，適切な科目をもって損益計算書に表示する。なお，顧客との契約から生じる収益については，それ以外の収益と区分して損益計算書に表示するか，又は両者を区分して損益計算書に表示しない場合には，顧客との契約から生じる収益の額を注記する。

78－3．顧客との契約に重要な金融要素が含まれる場合（第56項参照），顧客との契約から生じる収益と金融要素の影響（受取利息又は支払利息）を損益計算書において区分して表示する。

79. 企業が履行している場合や企業が履行する前に顧客から対価を受け取る場合等，契約のいずれかの当事者が履行している場合等には，企業は，企業の履行と顧客の支払との関係に基づき，契約資産，契約負債又は顧客との契約から生じた債権を計上する。また，契約資産，契約負債又は顧客との契約から生じた債権を，適切な科目をもって貸借対照表に表示する。

　なお，契約資産と顧客との契約から生じた債権のそれぞれについて，貸借対照表に他の資産と区分して表示しない場合には，それぞれの残高を注記する。また，契約負債を貸借対照表において他の負債と区分して表示しない場合には，契約負債の残高を注記する（第80－20項(1)参照）。

2．注記事項
（1）重要な会計方針の注記

80－2．顧客との契約から生じる収益に関する重要な会計方針として，次の項目を注記する。

　⑴　企業の主要な事業における主な履行義務の内容（第80－14項参照）
　⑵　企業が当該履行義務を充足する通常の時点（収益を認識する通常の時点）（第80－18項(1)参照）

80－3．前項の項目以外にも，重要な会計方針に含まれると判断した内容については，重要な会計方針として注記する。

（2）収益認識に関する注記
（開示目的）

80－4．収益認識に関する注記における開示目的は，顧客との契約から生じる収益及びキャッシュ・フローの性質，金額，時期及び不確実性を財務諸表利用者が理解できるようにするための十分な情報を企業が開示することである。

80－5．前項の開示目的を達成するため，収益認識に関する注記として，次の項目を注記する。

(1) 収益の分解情報（第80－10項及び第80－11項参照）

(2) 収益を理解するための基礎となる情報（第80－12項から第80－19項参照）

(3) 当期及び翌期以降の収益の金額を理解するための情報（第80－20項から第80－24項参照）

　　ただし，上記の項目に掲げている各注記事項のうち，前項の開示目的に照らして重要性に乏しいと認められる注記事項については，記載しないことができる。

80－6．収益認識に関する注記を記載するにあたり，どの注記事項にどの程度の重点を置くべきか，また，どの程度詳細に記載するのかを第80－4項の開示目的に照らして判断する。重要性に乏しい詳細な情報を大量に記載したり，特徴が大きく異なる項目を合算したりすることにより有用な情報が不明瞭とならないように，注記は集約又は分解する。

80－7．収益認識に関する注記を記載するにあたり，第80－10項から第80－24項において示す注記事項の区分に従って注記事項を記載する必要はない。

80－8．第80－2項及び第80－3項に従って重要な会計方針として注記している内容は，収益認識に関する注記として記載しないことができる。

80－9．収益認識に関する注記として記載する内容について，財務諸表における他の注記事項に含めて記載している場合には，当該他の注記事項を参照することができる。

（収益の分解情報）

80－10．当期に認識した顧客との契約から生じる収益を，収益及びキャッシュ・フローの性質，金額，時期及び不確実性に影響を及ぼす主要な要因に基づく区分に分解して注記する。

80－11．企業会計基準第17号「セグメント情報等の開示に関する会計基準」（以下「セグメント情報等会計基準」という。）を適用している場合，前項に従って注記する収益の分解情報と，セグメント情報等会計基準に従って各報告セグメントについて開示する売上高との間の関係を財務諸表利用者が理解できるようにするための十分な情報を注記する。

（収益を理解するための基礎となる情報）

80－12. 顧客との契約が，財務諸表に表示している項目又は収益認識に関する注記における他の注記事項とどのように関連しているのかを示す基礎となる情報として，次の事項を注記する。

(1) 契約及び履行義務に関する情報

(2) 取引価格の算定に関する情報

(3) 履行義務への配分額の算定に関する情報

(4) 履行義務の充足時点に関する情報

(5) 本会計基準の適用における重要な判断

契約及び履行義務に関する情報

80－13. 収益として認識する項目がどのような契約から生じているのかを理解するための基礎となる情報を注記する。この情報には，次の事項が含まれる。

(1) 履行義務に関する情報

(2) 重要な支払条件に関する情報

80－14. 前項(1)に掲げる履行義務に関する情報を注記するにあたっては，履行義務の内容（企業が顧客に移転することを約束した財又はサービスの内容）を記載する。

　　また，例えば，次の内容が契約に含まれる場合には，その内容を注記する。

(1) 財又はサービスが他の当事者により顧客に提供されるように手配する履行義務（すなわち，企業が他の当事者の代理人として行動する場合）

(2) 返品，返金及びその他の類似の義務（第63項，第64項等参照）

(3) 財又はサービスに対する保証及び関連する義務

80－15. 第80－13項(2)に掲げる重要な支払条件に関する情報を注記するにあたっては，例えば，次の内容を記載する。

(1) 通常の支払期限

(2) 対価に変動対価が含まれる場合のその内容（第50項から第55項参照）

(3) 変動対価の見積りが第54項に従って通常制限される場合のその内容

(4) 契約に重要な金融要素が含まれる場合のその内容（第56項から第58項参照）

取引価格の算定に関する情報

80－16. 取引価格の算定方法について理解できるよう，取引価格を算定する際に用いた見積方法，インプット及び仮定に関する情報を注記する。例えば，次の内容を記載する。

(1) 変動対価の算定（第50項から第55項参照）

(2) 変動対価の見積りが第54項に従って制限される場合のその評価

(3) 契約に重要な金融要素が含まれる場合の対価の額に含まれる金利相当分の調整（第56項から第58項参照）

(4) 現金以外の対価の算定（第59項から第62項参照）

(5) 返品，返金及びその他の類似の義務の算定（第63項，第64項等参照）

履行義務への配分額の算定に関する情報

80 - 17. 取引価格の履行義務への配分額の算定方法について理解できるよう，取引価格を履行義務に配分する際に用いた見積方法，インプット及び仮定に関する情報を注記する。例えば，次の内容を記載する。

(1) 約束した財又はサービスの独立販売価格の見積り（第65項から第69項参照）

(2) 契約の特定の部分に値引きや変動対価の配分を行っている場合の取引価格の配分（第70項から第73項参照）

履行義務の充足時点に関する情報

80 - 18. 履行義務を充足する通常の時点（収益を認識する通常の時点）の判断及び当該時点における会計処理の方法を理解できるよう，次の事項を注記する。

(1) 履行義務を充足する通常の時点（収益を認識する通常の時点）（第35項から第45項参照）

(2) 一定の期間にわたり充足される履行義務について，収益を認識するために使用した方法及び当該方法が財又はサービスの移転の忠実な描写となる根拠（第38項及び第41項から第45項参照）

(3) 一時点で充足される履行義務について，約束した財又はサービスに対する支配を顧客が獲得した時点を評価する際に行った重要な判断（第39項及び第40項参照）

本会計基準の適用における重要な判断

80 - 19. 本会計基準を適用する際に行った判断及び判断の変更のうち，顧客との契約から生じる収益の金額及び時期の決定に重要な影響を与えるものを注記する。

（当期及び翌期以降の収益の金額を理解するための情報）
契約資産及び契約負債の残高等

80 - 20. 履行義務の充足とキャッシュ・フローの関係を理解できるよう，次の事項を注記する。

(1) 顧客との契約から生じた債権，契約資産及び契約負債の期首残高及び期末残高（区分して表示していない場合）（第79項なお書き参照）

(2) 当期に認識した収益の額のうち期首現在の契約負債残高に含まれていた額

(3) 当期中の契約資産及び契約負債の残高の重要な変動がある場合のその内容

(4) 履行義務の充足の時期（第80 - 18項(1)参照）が通常の支払時期（第80 - 13項(2)参照）にどのように関連するのか並びにそれらの要因が契約資産及び契約負債の残高に与える影響の説明

また，過去の期間に充足（又は部分的に充足）した履行義務から，当期に認識した収益（例えば，取引価格の変動）がある場合には，当該金額を注記する。

残存履行義務に配分した取引価格

80 - 21.　既存の契約から翌期以降に認識することが見込まれる収益の金額及び時期について理解できるよう，残存履行義務に関して次の事項を注記する。

(1)　当期末時点で未充足（又は部分的に未充足）の履行義務に配分した取引価格の総額

(2)　(1)に従って注記した金額を，企業がいつ収益として認識すると見込んでいるのか，次のいずれかの方法により注記する。

①　残存履行義務の残存期間に最も適した期間による定量的情報を使用した方法

②　定性的情報を使用した方法

80 - 22.　次のいずれかの条件に該当する場合には，前項の注記に含めないことができる。

(1)　履行義務が，当初に予想される契約期間（第21項参照）が1年以内の契約の一部である。

(2)　履行義務の充足から生じる収益を適用指針第19項に従って認識している。

(3)　次のいずれかの条件を満たす変動対価である。

①　売上高又は使用量に基づくロイヤルティ

②　第72項の要件に従って，完全に未充足の履行義務（あるいは第32項(2)に従って識別された単一の履行義務に含まれる1つの別個の財又はサービスのうち，完全に未充足の財又はサービス）に配分される変動対価

80 - 23.　顧客との契約から受け取る対価の額に，取引価格に含まれない変動対価の額等，取引価格に含まれず，結果として第80 - 21項の注記に含めていないものがある場合には，その旨を注記する（第54項参照）。

80 - 24.　第80 - 22項のいずれかの条件に該当するため，第80 - 21項の注記に含めていないものがある場合には，第80 - 22項のいずれの条件に該当しているか，及び第80 - 21項の注記に含めていない履行義務の内容を注記する。

前段の定めに加え，第80 - 22項(3)のいずれかの条件に該当するため，第80 - 21項の注記に含めていないものがある場合には，次の事項を注記する。

(1)　残存する契約期間（第21項参照）

(2)　第80 - 21項の注記に含めていない変動対価の概要（例えば，変動対価の内容及びその変動性がどのように解消されるのか）

3．連結財務諸表を作成している場合の個別財務諸表における表示及び注記事項

80 - 25.　連結財務諸表を作成している場合，個別財務諸表においては，第78 - 2項，第78 - 3項及び第79項の表示及び注記の定めを適用しないことができる。

80 - 26.　連結財務諸表を作成している場合，個別財務諸表においては，収益認識に関する注記として掲げている第80 - 5項から第80 - 24項の定めにかかわらず，第80 - 5項に掲げる項目のうち，(1)「収益の分解情報」及び(3)「当期及び翌期以降の収益の金額を理解するための情報」について注記しないことができる。

80 - 27. 連結財務諸表を作成している場合，個別財務諸表においては，第80 - 5 項(2)「収益を理解するための基礎となる情報」の注記を記載するにあたり，連結財務諸表における記載を参照することができる。

05 工事契約
Theme

Check　ここでは，工事契約の会計処理について学習する。特に，工事収益の認識基準は理論と計算の両方で問われる問題なので，十分な理解が必要である。

1 工事契約とは

　仕事の完成に対して対価が支払われる請負契約のうち，土木，建築，造船や一定の機械装置の製造等，基本的な仕様や作業内容を顧客の指図にもとづいて行うものをいう。

2 使用する勘定科目

　工事契約（請負工事）を行う企業（建設業）の使用する勘定科目（表示科目）と，通常の製造業で使用する科目，および簿記検定1級で使用する科目を比較すると次のようになる。

財務諸表の種類	通常の製造業	建　設　業	簿記検定1級
損　益　計　算　書	売　　上　　高	完　成　工　事　高	工　　事　　収　　益
	売　上　原　価	完　成　工　事　原　価	工　　事　　原　　価
	売　上　総　利　益	完　成　工　事　総　利　益	工　　事　　利　　益
貸　借　対　照　表	仕　　掛　　品	未　成　工　事　支　出　金	未　成　工　事　支　出　金
	売　　掛　　金	完　成　工　事　未　収　入　金	工　　事　　未　　収　　入　　金
	契　　約　　資　　産	完　成　工　事　未　収　入　金	工　　事　　未　　収　　入　　金
	買　　掛　　金	工　事　未　払　金	工　　事　　未　　払　　金
	契　　約　　負　　債（前　　受　　金）	契　　約　　負　　債（未成工事受入金）	契　　約　　負　　債（未成工事受入金）

（注）収益認識基準では契約資産と顧客との契約から生じた債権が区別される。そのため，それぞれの金額を把握するために，本来は別の勘定科目を設定するか，同じ勘定科目を用いる場合でも，2つの金額を分けて把握できるようにする必要がある。ただし，建設業においては，建設業法施行規則にもとづき，顧客との契約から生じた債権と契約資産を区別せず，完成工事未収入金とすることが考えられる。試験では問題文等の指示に従うこと。

3 工事契約に係る収益の認識

　工事契約に関する収益は，「収益認識に関する会計基準」が適用される。工事契約については履行義務の充足に係る進捗度を合理的に見積ることができる場合のみ，一定の期間にわたり収益を認識する。また，履行義務の充足に係る進捗度を合理的に見積ることができないが，当該履行義務が充足する際に発生する費用を回収することが見込まれる場合には，履行義務の充足に係る進捗度を合理的に見積ることができる時まで，原価回収基準（履行義務を充足する際に発生する費用のうち，回収することが見込まれる費用の金額で収益を認識する方法）により処理する。

要　　　件		収益の認識
履行義務の充足に係る進捗度を	合理的に見積ることができる	**進捗度にもとづき収益を認識**
	合理的に見積ることができないが，発生する費用の回収ができる	**原価回収基準により収益を認識**

（注）工事の期間がごく短い場合には，一定の期間にわたり収益を認識せず，完全に履行義務を充足した時点で収益を認識することができる。

４ 進捗度にもとづき収益を認識する方法

　進捗度にもとづき収益を認識する場合には，工事収益総額，工事原価総額および決算日における工事進捗度を合理的に見積り，これに応じて当期の「工事収益」および「工事原価」を損益計算書に計上する。

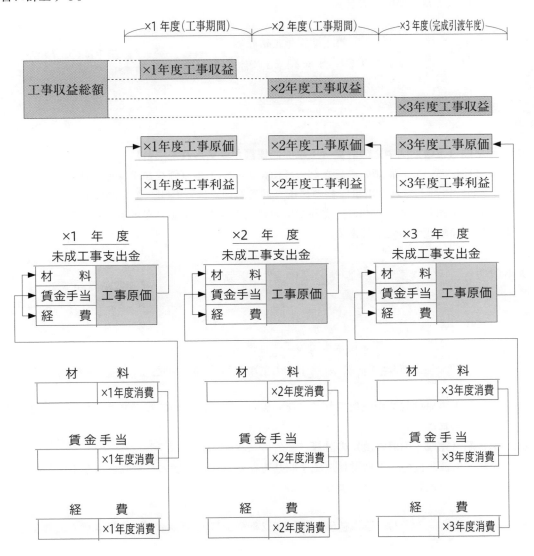

1. 原価比例法による工事収益の計算

　原価比例法とは，決算日における工事進捗度の見積方法のうち，決算日までに実施した工事に関して発生した工事原価が工事原価総額に占める割合をもって決算日における工事進捗度とする方法である。なお，工事契約の内容によって原価比例法以外にも，より合理的に工事進捗度を把握することが可能な場合には，原価比例法に代えて直接作業時間比率や施工面積比率などによる工事進捗度を用いることができる。

　また，工事収益総額，工事原価総額または決算日における工事進捗度の見積りが変更された場合には，その見積りの変更が行われた期に影響額を損益として処理する。

　簿記検定1級の試験では，3会計期間で完成・引渡しが行われる工事についての出題が圧倒的に多いため，以下，3会計期間で完成・引渡しが行われる工事を前提とした原価比例法による工事収益の計算について示しておく。

(1) 第1期（工事期間中）の計算

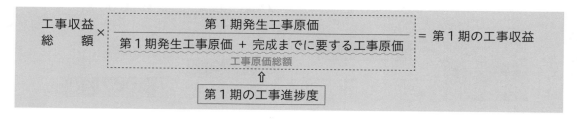

(2) 第2期（工事期間中）の計算（工事原価総額が変更された場合）

　第2期において，物価の高騰などの理由により，工事原価総額が変更された場合，過年度（第1期）に計上された工事収益の修正（遡及処理）は行わず，第2期において計上される工事収益を調整する。これは，実務では頻繁に工事原価総額の変更が行われることから，事務手続を簡略化するためである。

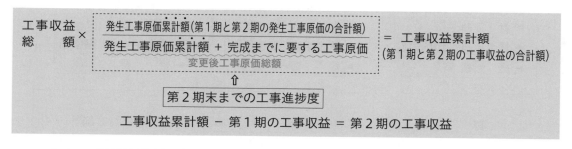

　なお，工事原価総額が変更されていない場合でも，上記の計算で解けるため，上記の計算のみを覚えればよい。

(3) 第3期（完成・引渡年度）の計算

　完成・引渡年度の工事収益は，工事収益総額から，過年度の工事収益（第1期と第2期の工事収益）を差し引くことにより求める。

工事収益総額 － 過年度工事収益（第1期と第2期の工事収益）＝ 完成・引渡年度の工事収益

　次の資料により，各年度における工事収益，工事原価および工事利益を求めなさい。なお，工事の進捗度を合理的に見積ることができるため，進捗度（見積方法は原価比例法）にもとづいて，収益を認識する。また，会計期間は 1 年，決算日は 3 月31日である。

（資　料）

(1)　工事期間 3 年（×1 年度着工，×3 年度引渡し）

(2)　工事収益総額 150,000円（着工時に 40,000円を受け取り，残額は，引渡し後に請求する）であり，工事収益に対する未収入額は，工事未収入金として計上する。

(3)　各期における発生工事原価および各期末現在見積った完成までに要する工事原価は次のとおりである。

	×1年度	×2年度	×3年度
各期の発生工事原価	12,000円	61,800円	51,200円
翌期以降完成までに要する工事原価	108,000円	49,200円	——

【解　答】

	×1年度	×2年度	×3年度
工 事 収 益	15,000円	75,000円	60,000円
工 事 原 価	12,000円	61,800円	51,200円
工 事 利 益	3,000円	13,200円	8,800円

【解　説】

1．工事進捗度の計算

(1)　×1年度末

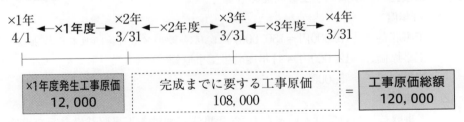

$$\frac{12,000円〈×1年度発生工事原価〉}{120,000円〈×1年度末工事原価総額〉} = 0.1$$

(2) ×2年度末

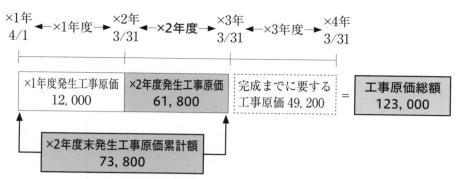

$$\frac{73,800円〈×2年度末発生工事原価累計額〉}{123,000円〈×2年度末工事原価総額〉} = 0.6$$

(3) ×3年度

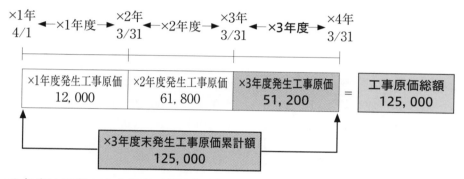

　×3年度は工事の完成年度（引渡年度）であり，工事収益については差額計算で求めるため，工事進捗度を求める必要はない。

2．工事収益・工事原価・工事利益の計算

(1) ×1年度

工事収益	15,000円＝150,000円〈工事収益総額〉× 0.1〈×1年度末工事進捗度〉
工事原価	12,000円＝×1年度発生工事原価
工事利益	3,000円

(2) ×2年度

　工事収益については，いったん×2年度末における工事収益累計額を求め，それから×1年度の工事収益を差し引くことにより求める。

150,000円〈工事収益総額〉×0.6〈×2年度末工事進捗度〉＝90,000円〈×2年度末工事収益累計額〉

工事収益	75,000円＝90,000円－15,000円〈×1年度工事収益〉
工事原価	61,800円＝×2年度発生工事原価
工事利益	13,200円

(3) ×3年度

×3年度は工事の完成年度（引渡年度）にあたるため，差額計算により工事収益を求める。

工事収益　　60,000円＝150,000円〈工事収益総額〉－15,000円〈×1年度工事収益〉－75,000円〈×2年度工事収益〉

工事原価　　51,200円＝×3年度発生工事原価

工事利益　　　8,800円

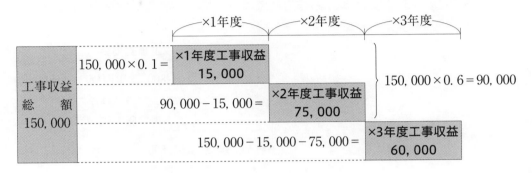

3．仕訳と勘定記入

(1) ×1年度（×1年4月1日から×2年3月31日まで＝工事着工年度）

① 着工時

（現　　　　金）	40,000	（契 約 負 債）	40,000
		未成工事受入金	

② 決算時（×2年3月31日）

（未成工事支出金）	12,000	（諸　　　　口）	12,000
（工 事 原 価）	12,000	（未成工事支出金）	12,000
（契 約 負 債）	15,000	（工 事 収 益）	15,000

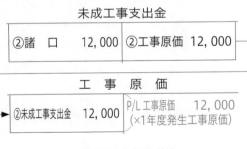

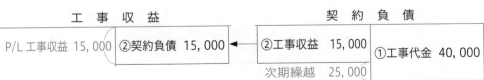

(2) **×2 年度**（×2 年 4 月 1 日から ×3 年 3 月 31 日まで＝工事期間中）
① **決算時**（×3 年 3 月 31 日）

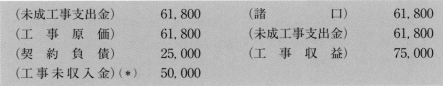

（未成工事支出金）	61,800	（諸　　　口）	61,800
（工　事　原　価）	61,800	（未成工事支出金）	61,800
（契　約　負　債）	25,000	（工　事　収　益）	75,000
（工事未収入金）(＊)	50,000		

（＊）　貸借差額

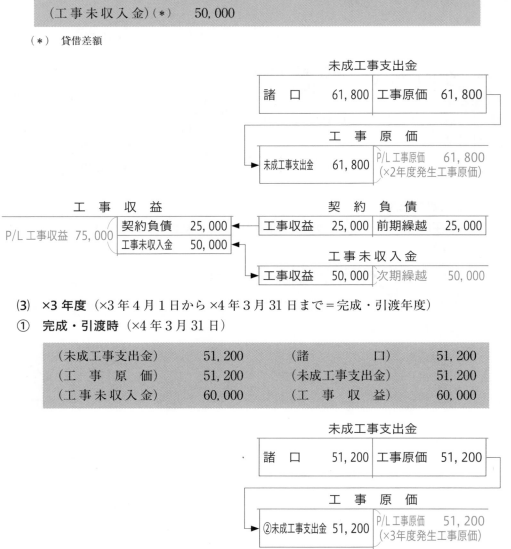

未成工事支出金

| 諸　口 | 61,800 | 工事原価 | 61,800 |

工　事　原　価

| 未成工事支出金 | 61,800 | P/L 工事原価　61,800 (×2年度発生工事原価) | |

工　事　収　益

| P/L 工事収益　75,000 | 契約負債 | 25,000 |
| | 工事未収入金 | 50,000 |

契　約　負　債

| 工事収益 | 25,000 | 前期繰越 | 25,000 |

工　事　未　収　入　金

| 工事収益 | 50,000 | 次期繰越 | 50,000 |

(3) **×3 年度**（×3 年 4 月 1 日から ×4 年 3 月 31 日まで＝完成・引渡年度）
① **完成・引渡時**（×4 年 3 月 31 日）

（未成工事支出金）	51,200	（諸　　　口）	51,200
（工　事　原　価）	51,200	（未成工事支出金）	51,200
（工　事　未　収　入　金）	60,000	（工　事　収　益）	60,000

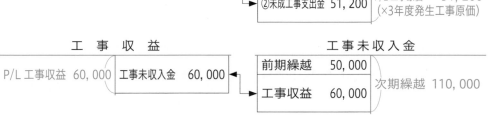

未成工事支出金

| 諸　口 | 51,200 | 工事原価 | 51,200 |

工　事　原　価

| ②未成工事支出金　51,200 | P/L 工事原価　　51,200 (×3年度発生工事原価) | |

工　事　収　益

| P/L 工事収益　60,000 | 工事未収入金 | 60,000 |

工　事　未　収　入　金

| 前期繰越 | 50,000 | 次期繰越　110,000 |
| 工事収益 | 60,000 | |

156

工事収益総額の改定

工事期間中に工事収益総額が改定された場合，工事収益の修正は，改定前の期間の工事収益計上額は修正せずに，改定後の期間において工事収益を修正する。

$$当期の工事収益 = \frac{改定後の}{工事収益総額} \times \frac{当期末までの}{工事進捗度} - \frac{前期末までの}{工事収益計上額}$$

［設例 5 − 1］の工事収益総額が×2年度に160,000円に変更された場合の各期の工事収益は次のようになる。

×1年度	15,000 円	←150,000円〈改定前〉×0.1〈×1年度末工事進捗度〉
×2年度	81,000 円	←160,000円〈改定後〉×0.6〈×2年度末工事進捗度〉−15,000円〈×1年度工事収益〉
×3年度	64,000 円	←160,000円〈改定後〉−15,000円〈×1年度工事収益〉−81,000円〈×2年度工事収益〉

5 原価回収基準

原価回収基準とは，履行義務を充足する際に発生する費用のうち，回収することが見込まれる費用の金額で収益を認識する方法であり，進捗度を合理的に見積ることができない場合に適用する。なお，工事期間中に進捗度を合理的に見積ることができるようになった場合には，原価回収基準から，進捗度にもとづき収益を認識する方法に変更する。

設例 5-2

次の資料により，各年度における工事収益，工事原価および工事利益を求めなさい。なお，工事の進捗度を合理的に見積ることができないため，原価回収基準により収益を認識する。

（資　料）
(1) 工事期間 3 年（×1 年度着工，×3 年度引渡し）
(2) 工事収益総額 150,000円
(3) 各期における発生工事原価は次のとおりである。

	×1年度	×2年度	×3年度
各期の発生工事原価	12,000円	61,800円	51,200円

【解　答】

	×1年度	×2年度	×3年度
工　事　収　益	12,000円	61,800円	76,200円
工　事　原　価	12,000円	61,800円	51,200円
工　事　利　益	0円	0円	25,000円

【解　説】
1．×1年度および×2年度
工事原価と同額の工事収益を計上する。

2．×3年度

×3年度は工事の完成年度（引渡年度）にあたるため，残りの工事収益を計上する。

工事収益：150,000円〈工事収益益総額〉－12,000円〈×1年度工事収益〉

－61,800円〈×2年度工事収益〉＝76,200円

設例 5-3

次の資料により，各年度における工事収益，工事原価および工事利益を求めなさい。なお，×1年度については，工事の進捗度を合理的に見積ることができないため，原価回収基準により収益を認識する。また，×2年度において工事の進捗度を合理的に見積ることができるようになったため，原価比例法により収益を認識する。

（資　料）

(1)　工事期間3年（×1年度着工，×3年度引渡し）

(2)　工事収益総額 150,000円

(3)　各期における発生工事原価は次のとおりである。

	×1年度	×2年度	×3年度
各 期 の 発 生 工 事 原 価	12,000円	61,800円	51,200円

(4)　×2年度末に見積った工事原価総額は123,000円であった。

【解　答】

	×1年度	×2年度	×3年度
工　事　収　益	12,000円	78,000円	60,000円
工　事　原　価	12,000円	61,800円	51,200円
工　事　利　益	0円	16,200円	8,800円

【解　説】

1．×1年度

原価回収基準により，工事原価と同額の工事収益を計上する。

2．×2年度

原価比例法により，工事収益を計上する。

(1)　工事進捗度の計算

$$\frac{12,000円〈×1年度末発生工事原価〉+61,800円〈×2年度末発生工事原価〉}{123,000円〈×2年度末工事原価総額〉}=0.6$$

(2)　工事収益の計算

150,000×0.6－12,000円〈×1年度工事収益〉＝78,000円

3．×3年度

×3年度は工事の完成年度（引渡年度）にあたるため，残りの工事収益を計上する。

工事収益：150,000円〈工事収益総額〉－12,000円〈×1年度工事収益〉

－78,000円〈×2年度工事収益〉＝60,000円

6 工事損失引当金

　工事契約について，「工事原価総額等（工事原価総額のほか，販売直接経費がある場合にはその見積額を含めた額）」が「工事収益総額」を超過する可能性が高く，かつ，その金額を合理的に見積ることができる場合には，その超過すると見込まれる額（以下，「工事損失」という）のうち，その工事契約に関してすでに計上された損益の額を控除した残額を工事損失が見込まれた期の損失として処理し，「工事損失引当金」を計上する。

　「工事損失引当金の繰入額」は売上原価（工事原価）に含め，「工事損失引当金」の残高は貸借対照表の流動負債に計上する。ただし，同一の工事契約に関する棚卸資産（未成工事支出金）と「工事損失引当金」がともに計上されることとなる場合には，貸借対照表の表示上，相殺して表示することができる。

計 上 条 件	工事原価総額等（販売直接経費含む）＞ 工事収益総額	
工事損失引当金の 計 上 額	（工事原価総額等－工事収益総額）± 計上済損益　　　　　見積工事損失　(注) 計上済みの損失は控除し，利益は加算する。	
表 示 区 分	工 事 損 失 引 当 金	B/S流動負債（原則）
		B/S棚卸資産と相殺（容認）
	工事損失引当金繰入	P/L売上原価（工事原価）に加算
	工事損失引当金戻入	P/L売上原価（工事原価）から控除

Theme
05

工事契約

設例 5-4

　次の資料により，各年度における工事収益，工事原価および工事損益ならびに工事損失引当金を求めなさい。なお，工事の進捗度を合理的に見積ることができるため，進捗度（見積方法は原価比例法）にもとづいて収益を認識する。また，会計期間は1年，決算日は3月31日である。工事損益がマイナスとなる場合には，金額の前に△印を付すこと。

（資　料）
(1)　工事期間3年（×1年度着工，×3年度引渡し）
(2)　請負金額150,000円
(3)　各期における発生工事原価と，各期末現在見積った完成までに要する工事原価は次のとおりである。

	×1年度	×2年度	×3年度
各期の発生工事原価	12,000円	84,000円	65,000円
翌期以降完成までに要する工事原価	108,000円	64,000円	

【解　答】

	×1年度	×2年度	×3年度
工　事　収　益	15,000円	75,000円	60,000円
工　事　原　価	12,000円	88,000円	61,000円
工　事　損　益	3,000円	△13,000円	△ 1,000円
工事損失引当金	0円	4,000円	0円

【解　説】

1．工事進捗度

(1) ×1 年度

12,000円〈×1 年度発生工事原価〉＋108,000円〈完成までに要する工事原価〉

＝120,000円〈工事原価総額〉

$$\frac{12,000円〈×1 年度発生工事原価〉}{120,000円〈工事原価総額〉}=0.1$$

(2) ×2 年度

12,000円〈×1 年度発生工事原価〉＋84,000円〈×2 年度発生工事原価〉

＝96,000円〈×2 年度発生工事原価累計額〉

12,000円〈×1 年度発生工事原価〉＋84,000円〈×2 年度発生工事原価〉

＋64,000円〈完成までに要する工事原価〉＝160,000円〈工事原価総額〉

$$\frac{96,000円〈×2 年度発生工事原価累計額〉}{160,000円〈工事原価総額〉}=0.6$$

(3) ×3 年度

×3年度は工事の完成年度（引渡年度）であり，工事収益は差額計算で求めるため，工事進捗度を求める必要はない。

2．工事収益・工事原価・工事損益（工事損失引当金設定前）

(1) ×1 年度

工事収益　　15,000円＝150,000円×0.1

工事原価　　12,000円＝×1年度発生工事原価

工事損益　　 3,000円

(2) ×2 年度

工事収益　　75,000円＝150,000円×0.6－15,000円

工事原価　　84,000円＝×2年度発生工事原価

工事損益　△ 9,000円

(3) ×3 年度

工事収益　　60,000円＝150,000円－15,000円－75,000円

工事原価　　65,000円＝×3年度発生工事原価

工事損益　△ 5,000円

3．工事損失引当金の設定

(1) ×1年度

120,000円〈工事原価総額〉 ＜ 150,000円〈工事収益総額〉

∴　工事損失引当金は設定しない。

工事収益　　　15,000円

工事原価　　　12,000円 ＝ ×1年度発生工事原価のまま

工事損益　　　 3,000円

(2) ×2 年度

160,000円〈工事原価総額〉 ＞ 150,000円〈工事収益総額〉

∴　工事損失引当金を設定する。

$\underbrace{(160,000円 - 150,000円)}_{10,000円〈見積工事損失〉} + 3,000円〈×1年度工事利益〉 - 9,000円〈×2年度工事損失〉$

＝ 4,000円〈×2年度工事損失引当金〉

（工 事 原 価）	4,000	（工事損失引当金）	4,000
工事損失引当金繰入			

工事収益　　　75,000円

工事原価　　　88,000円 ＝ 84,000円〈×2年度発生工事原価〉＋ 4,000円〈繰入〉

工事損益　　△ 13,000円

(3) ×3年度

×3年度は工事の完成年度（引渡年度）であり，工事損失が確定したので，工事損失引当金の残額を取り崩す。

（工事損失引当金）	4,000	（工 事 原 価）	4,000
		工事損失引当金戻入	

工事収益　　　60,000円

工事原価　　　61,000円 ＝ 65,000円〈×3年度発生工事原価〉－ 4,000円〈戻入〉

工事損益　　△ 1,000円

06 割賦販売
Theme

Check ここでは，特殊商品販売のなかから割賦販売について学習する。

1 一般的な商品販売の売上収益の計上基準

通常，商品販売は一時点で充足される履行義務に該当するため，商品などの引渡しと対価の受入れが同時に行われるいわゆる販売時に売上収益を計上する。

補足 売上収益の認識時点

売上収益は，通常，販売時に計上する。具体的には，顧客が商品などに対する支配を獲得した時点で履行義務を充足したと考えるため，どの時点において顧客が商品などに対する支配を獲得したかを判断する必要が生じるケースがある。代表的なものは，次の3つである。

1. 出荷基準

商品を出荷（発送）した時点で売上を計上する基準

2. 着荷基準

商品が顧客に到着した時点で売上を計上する基準

3. 検収基準

顧客による商品の検収が終了した時点で売上を計上する基準

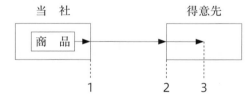

収益認識基準では，検収基準を原則とするが，国内販売において出荷時から検収までの期間が通常の期間である場合には，出荷基準または着荷基準を採用することも認められている。

---

2 特殊商品販売とは

　一般的な商品販売では，商品の販売時に売上収益が計上される。ただし，特殊な形態で商品販売が行われたときには，いつ売上収益を計上すべきかが問題となることがある。また，一時的に手許にない商品が発生することもあるが，管理上，手許にある商品と区別して記録した方がよい場合がある。このような特殊性から特別な会計処理が必要な商品販売の形態を「特殊商品販売」という。なお，「特殊商品販売」と区別するために，一般的な商品販売のことを「一般商品販売」という。

　主な販売形態をまとめると次のとおりである。

販　売　形　態		
一　　般　　販　　売		通常の商品販売の形態
特殊商品販売	割　賦　販　売	代金を分割して回収する販売形態
	委　託　販　売	受託者(販売代理店など)に商品を委託して，顧客に販売してもらう形態
	試　用　販　売	顧客に商品を試用してもらってから，販売する形態
	予　約　販　売	顧客からあらかじめ注文を受けた後で，商品を引き渡す販売形態
	未　着　品　販　売	商品を引き取る前に，貨物代表証券(未着品)のまま転売する販売形態

　本テキストでは，特別な会計処理が必要となる「割賦販売」，「委託販売」，「試用販売」，「未着品販売」について学習する。

3 割賦販売とは

　割賦販売とは，割賦販売契約にもとづき，商品などを引き渡した後，年賦・月賦などの方法により，売上代金（割賦金）を数回に分割して定期的に回収する販売形態をいう。割賦販売については，商品などを顧客に引き渡した時点で売上収益を認識する。

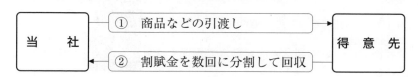

4 割賦販売の会計処理

　割賦販売については，代金の回収が長期にわたるため，販売価格に利息が含まれているケースがある。この場合，売上収益は現金販売価格で計上し，重要な金融要素（金利相当額）は，各期に受取利息として配分する。

次の取引について，仕訳を示しなさい。なお，売価と現金販売価格との差額は利息として処理する。また，利息は，定額法により回収時に計上する。
(1)　商品を 10,000円（現金販売価格は 9,000円）で割賦販売した（５回分割払い）。
(2)　当期中に２回分の割賦金 4,000円を現金で回収した。
(3)　翌期中に２回分の割賦金を現金で回収した。

【解答・解説】
1．当期の仕訳
(1)　商品の販売時

（割 賦 売 掛 金）（＊）	9,000	（割　賦　売　上）	9,000

（＊）現金販売価格

(2)　代金回収時

（割 賦 売 掛 金）（＊）	400	（受　取　利　息）	400
（現　　　　　金）	4,000	（割 賦 売 掛 金）	4,000

（＊）10,000円 － 9,000円 ＝ 1,000円〈金利相当額〉

$$1,000円〈金利相当額〉 \times \frac{2回}{5回} ＝ 400円$$

2．翌期の仕訳（代金回収時）

（割 賦 売 掛 金）（＊）	400	（受　取　利　息）	400
（現　　　　　金）	4,000	（割 賦 売 掛 金）	4,000

（＊）$1,000円〈金利相当額〉 \times \dfrac{2回}{5回} ＝ 400円$

なお，金利部分について利息未決算勘定で処理する方法も考えられる。
1．当期の仕訳
(1)　商品の販売時

（割 賦 売 掛 金）	10,000	（割　賦　売　上）	9,000
		（利 息 未 決 算）	1,000

(2)　代金回収時

（利 息 未 決 算）	400	（受　取　利　息）	400
（現　　　　　金）	4,000	（割 賦 売 掛 金）	4,000

2．翌期の仕訳（代金回収時）

（利 息 未 決 算）	400	（受　取　利　息）	400
（現　　　　　金）	4,000	（割 賦 売 掛 金）	4,000

研究 回収不能高と戻り商品

　割賦販売では，代金の回収が分割で長期間にわたることから，通常の掛け販売に比べると回収不能（貸倒れ）となる可能性が高いが，回収不能になった場合には，割賦販売契約にもとづき販売した商品を取り戻すことができる。割賦売掛金が回収不能になり，商品を取り戻したときの処理は，次のようになる。

1．期中処理

> ①　回収不能となった額を「割賦売掛金」勘定から減額する。
> ②　取り戻した商品の評価額を，「戻り商品（取戻し商品）」勘定で処理する。
> ③　①と②の差額を「戻り商品損失（貸倒損失）」勘定で処理する。なお，回収不能になった割賦売掛金に対して貸倒引当金が設定されている場合には，貸倒引当金を取り崩して充当する。

〈例〉当期に割賦売掛金4,000円について得意先から支払いが困難である旨の報告を受け，回収不能の処理を行った。この際に商品を取り戻しており，取り戻した商品の評価額は2,500円であった。

(1)　当期引渡分の回収不能だった場合

（戻　り　商　品）	2,500	（割 賦 売 掛 金）	4,000
	評価額		不能額
（戻 り 商 品 損 失）(＊)	1,500		

　（＊）4,000円－2,500円＝1,500円

(2)　前期以前引渡分の回収不能であり，貸倒引当金の残高が1,000円だった場合

（戻　り　商　品）	2,500	（割 賦 売 掛 金）	4,000
	評価額		不能額
（貸 倒 引 当 金）	1,000		
（戻 り 商 品 損 失）(＊)	500		

　（＊）4,000円－2,500円＝1,500円
　　　 1,500円－1,000円＝500円

2．決算時

　戻り商品について，再販売が可能である場合には，その評価額を新たな仕入と考え，「戻り商品」勘定から「仕入」勘定に振り替える。また，期末において未販売の場合は，次期に繰り越すために，「仕入」勘定から「繰越商品」勘定に振り替える。

(1)　戻り商品の評価額を「仕入」勘定に加算

（仕　　　　　　　入）	×××	（戻　り　商　品）	×××

(2)　未販売の場合には，次期に繰り越す

（繰 越 商 品）	×××	（仕　　　　　　　入）	×××

また，原価ボックスを作成すると次のようになる。

原価ボックス

期首商品棚卸高 ×××	売 上 原 価 ×××
当期商品仕入高 T/B仕　　　入 ××× **戻り商品評価額** ×××	期末商品棚卸高 その他の期末商品 ××× **戻り商品評価額** ×××

（注1）戻り商品評価額は，当期商品仕入高に加算する。

（注2）未販売の場合には，期末商品棚卸高にも含める。

MEMO

07 委託販売
Theme

Check ここでは，委託販売の収益の計上基準と会計処理について学習する。

1 委託販売とは

　委託販売とは，代理店その他（受託者）に商品などの販売を委託し，手数料を支払ってこれを販売する形態である。

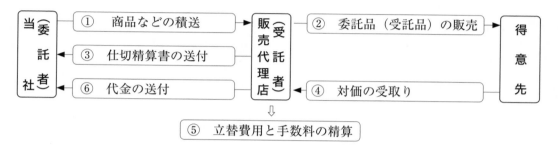

2 売上収益の計上基準

　委託販売では，受託者が委託品を販売することにより，顧客へ商品などに対する支配が移転することになるため，受託者が委託品を販売した日に売上収益を計上する。

　（注）委託販売契約の場合，受託者（販売代理店）への引渡しにより，受託者が商品などを保有することになるが，商品などに対する支配が移転したことにはならないため，受託者へ引き渡しただけでは収益を認識しない。

3 会計処理方法

委託販売の処理方法には，次の各方法がある。

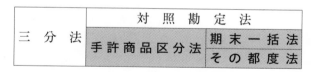

三 分 法	対 照 勘 定 法	
	手 許 商 品 区 分 法	期 末 一 括 法
		そ の 都 度 法

ここでは手許商品区分法（期末一括法，その都度法）について説明する。

4 手許商品区分法

手許商品区分法とは，期中において，手許にある商品の原価と手許にない商品の原価（受託者へ積送中の商品の原価）を区分して処理する方法である。

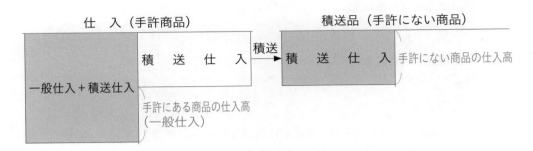

1. 期末一括法

⑴ 期中処理

期末一括法では，期中に商品を積送（発送）したときに，その原価を「仕入」勘定から「積送品」勘定へ振り替える。また，受託者が委託品を販売した日に，積送品の売上収益を計上する。

設例 7-1　　　　　　　　　　　　　　　　　　　　　　　　**仕　訳**

次の資料により，仕訳を示しなさい。

（資料1）期首試算表（一部）

期　首　試　算　表	（単位：円）
繰　越　商　品　　10,000	
積　送　品　　　　 1,600	

（注）「繰　越　商　品」⇨ 期首手許商品原価
　　　「積　送　品」⇨ 期首積送品原価

（資料2）期中取引

⑴　商品 170,000円を掛けで仕入れた。

⑵　商品 120,000円を得意先に 150,000円で掛け販売（一般販売）した。

⑶　商品（原価 40,000円，売価 62,500円）を受託者に積送した。

⑷　受託者に積送中の商品（原価 38,400円，売価 60,000円）について，販売された報告を受けた。なお，売上原価は，期末に一括して仕入勘定へ振り替える方法（期末一括法）による。

169

【解答・解説】

(1) 商品仕入時

（仕　　　　　入）	170,000	（買　掛　金）	170,000

(2) 商品販売時（一般販売）

（売　掛　金）	150,000	（一　般　売　上）	150,000

(3) 商品積送時（委託販売）

（積　送　品） 積送仕入高	40,000 原価	（仕　　　　　入）	40,000 原価

なお，返品を受けた場合は，受託者に積送した商品が再び手許に戻ってくるため，「積送品」勘定から「仕入」勘定へ原価を振り替える。

（仕　　　　　入）	××	（積　送　品）	××

(4) 受託者販売時（委託販売）

（積　送　未　収　金） 売掛金	60,000	（積　送　品　売　上）	60,000

以上の仕訳の結果，決算整理前の各勘定の残高は次のようになる。

```
            繰  越  商  品
期首手許商品 10,000  整理前 T/B

      仕             入                        積  送  品
                 (3)当期積送高 40,000       期首積送品 1,600
                 （積送仕入）               (3)当期積送高 40,000    整理前 T/B 41,600
(1)当期仕入高 170,000                        （積送仕入）          （期首積送品＋積送仕入）
（一般仕入＋積送仕入）  整理前 T/B 130,000
                      （一般仕入）
```

決算整理前残高試算表（一部）は次のようになる。

決算整理前残高試算表　　　（単位：円）

期首手許商品原価⇒	繰　越　商　品	10,000	一　般　売　上	150,000	⇐当期一般販売高
※⇒	積　送　品	41,600	積　送　品　売　上	60,000	⇐当期積送販売高
一　般　仕　入　高⇒	仕　　　　　入	130,000			

※　期首積送品原価＋積送仕入高

170

(2)　**決算時（決算整理仕訳）**

　一般販売と委託販売の売上原価を「仕入」勘定で一括して計算するための，決算整理仕訳を行う。一般販売については，期首手許商品の原価を「繰越商品」勘定から「仕入」勘定へ振り替え，期末手許商品の原価を「仕入」勘定から「繰越商品」勘定へ振り替える。また，委託販売については，期首積送品原価と当期積送高の合計（整理前残高試算表上の「積送品」勘定の残高）を「積送品」勘定から「仕入」勘定へ振り替え，期末積送品原価を「仕入」勘定から「積送品」勘定へ振り替える。

設例 7-2 （設例7-1の続き）

　次の資料により，損益計算書（売上総利益まで）および貸借対照表（一部）を作成しなさい。

（資料１）決算整理前残高試算表（一部）

決算整理前残高試算表　　（単位：円）

繰 越 商 品	10,000	一 般 売 上	150,000
積 送 品	41,600	積 送 品 売 上	60,000
仕 入	130,000		

（資料２）決算整理事項

(1)　期末手許商品棚卸高は20,000円である。

(2)　期首積送品原価は1,600円であり，委託販売の原価率は64％である。なお，売上原価は，期末に一括して仕入勘定へ振り替える（期末一括法）。

【解　答】

損　益　計　算　書　　　　（単位：円）

Ⅰ　売　　上　　高			210,000
Ⅱ　売　上　原　価			
1．期首商品棚卸高		11,600	
2．当期商品仕入高		170,000	
合　　　　計		181,600	
3．期末商品棚卸高		23,200	158,400
売上総利益			51,600

貸　借　対　照　表　　　（単位：円）

商　　　　　品	23,200		

【解　説】

1．売上原価の算定

(1)　原価ボックスの作成

手許商品区分法（期末一括法）では，期中に商品を積送した際に，その原価を「仕入」勘定から「積送品」勘定へ振り替えているため，一般販売と委託販売でそれぞれ別々の原価ボックスを作成する。

原価ボックス（一般販売）

T/B繰越商品　10,000	一般売上原価　120,000 （貸借差額）
T/B仕　入　130,000 （一般仕入）	期末手許商品　20,000

原価ボックス（委託販売）

整理前T/B
積　送　品
41,600

期首積送品　　1,600	積送売上原価　38,400　◀ 60,000〈T/B積送品売上〉
積送仕入　40,000 （41,600－1,600＝40,000）	期末積送品　3,200　⇦貸借差額

×0.64〈委託販売原価率〉

上記の2つの原価ボックスより，損益計算書の売上原価の構成要素を求める。

（単位：円）

	一　般　販　売	委　託　販　売	合　　　　計
期首商品棚卸高	10,000	1,600	11,600
当期商品仕入高	130,000	40,000	170,000
合　　　計	140,000	41,600	181,600
期末商品棚卸高	△ 20,000	△ 3,200	△ 23,200
売　上　原　価	120,000	38,400	158,400

(2)　決算整理仕訳

①　手許商品

（仕　　　　　　入）	10,000	（繰　越　商　品）（＊1）	10,000
（繰　越　商　品）（＊2）	20,000	（仕　　　　　　入）	20,000

（＊1）期首手許商品原価（＝整理前T/B繰越商品）
（＊2）期末手許商品原価

②　積送品

（仕　　　　　　入）	41,600	（積　　送　　品）（＊1）	41,600
（積　　送　　品）（＊2）	3,200	（仕　　　　　　入）	3,200

（＊1）期首積送品原価＋積送仕入高＝整理前T/B積送品
（＊2）期末積送品原価

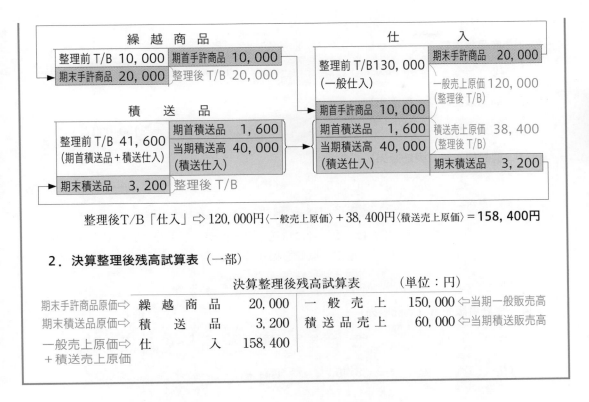

整理後T/B「仕入」⇒ 120,000円〈一般売上原価〉+38,400円〈積送売上原価〉= **158,400円**

2. 決算整理後残高試算表 （一部）

	決算整理後残高試算表	（単位：円）		
期末手許商品原価⇒ 繰 越 商 品	20,000	一 般 売 上	150,000	⇐当期一般販売高
期末積送品原価⇒ 積 送 品	3,200	積 送 品 売 上	60,000	⇐当期積送販売高
一般売上原価⇒ 仕 入	158,400			
＋積送売上原価				

2. その都度法

(1) 期中処理

その都度法では，期中に商品を積送（発送）したときに，その原価を「仕入」勘定から「積送品」勘定へ振り替える。また，受託者が委託品を販売した日に積送品の売上収益を計上するとともに，積送品の売上原価を「積送品」勘定から「仕入」勘定へ振り替える。

設例 7-3　　　　　　　　　　　　　　　　　　　　　　　　　　仕　訳

次の資料により，仕訳を示しなさい。

（資料1）期首試算表（一部）

期 首 試 算 表	（単位：円）
繰 越 商 品	10,000
積 送 品	1,600

（資料2）期中取引

(1) 商品170,000円を掛けで仕入れた。

(2) 商品120,000円を得意先に150,000円で掛け販売（一般販売）した。

(3) 商品（原価40,000円，売価62,500円）を受託者に積送した。

(4) 受託者に積送中の商品（原価38,400円，売価60,000円）について，販売された報告を受けた。なお，売上原価は，販売のつど仕入勘定へ振り替える方法（その都度法）による。

Theme 07 委託販売

【解答・解説】
(1) 商品仕入時

（仕 入） 170,000	（買 掛 金）	170,000

(2) 商品販売時（一般販売）

（売 掛 金） 150,000	（一 般 売 上）	150,000

(3) 商品積送時（委託販売）

（積 送 品） 40,000	（仕 入）	40,000
積送仕入高　原　価		原　価

　　なお，返品を受けた場合は，受託者に積送した商品が再び手許に戻ってくるため，「積送品」勘定から「仕入」勘定へ原価を振り替える。

（仕 入） ××	（積 送 品）	××

(4) 受託者販売時（委託販売）

（積 送 未 収 金） 60,000	（積 送 品 売 上）	60,000
売掛金		
（仕 入） 38,400	（積 送 品）	38,400
積送売上原価		

以上の仕訳の結果，決算整理前の各勘定の残高は次のようになる。

繰 越 商 品

期首手許商品原価 10,000	整理前 T/B

仕 入

(1)当期仕入高170,000（一般仕入＋積送仕入）	(3)当期積送高 40,000（積送仕入）
	整理前 T/B 168,400（一般仕入＋積送売上原価）
(4)積送売上原価 38,400	

積 送 品

期首積送品原価 1,600	(4)積送売上原価 38,400
(3)当期積送高 40,000（積送仕入）	整理前 T/B 3,200（期末積送品原価）

決算整理前残高試算表（一部）は次のようになる。

決算整理前残高試算表　　（単位：円）

期首手許商品原価⇒繰 越 商 品	10,000	一 般 売 上 150,000 ⇐当期一般販売高
期末積送品原価⇒積 送 品	3,200	積 送 品 売 上 60,000 ⇐当期積送販売高
一 般 仕 入 高⇒仕 入＋積送売上原価	168,400	

174

(2) **決算時（決算整理仕訳）**

　一般販売と委託販売の売上原価を「仕入」勘定で一括して計算するための，決算整理仕訳を行う。一般販売については，期首手許商品の原価を「繰越商品」勘定から「仕入」勘定へ振り替え，期末手許商品の原価を「仕入」勘定から「繰越商品」勘定へ振り替える。また，委託販売については，期末積送品原価を「積送品」勘定から「仕入」勘定へ振り替えるとともに，同額を「仕入」勘定から「積送品」勘定へ再び振り替える。なお，この処理は省略することもある。

設例 7-4（設例7-3の続き）

　次の資料により，損益計算書（売上総利益まで）および貸借対照表（一部）を作成しなさい。

（資料１）決算整理前残高試算表（一部）

決算整理前残高試算表　　（単位：円）

繰 越 商 品	10,000	一 般 売 上	150,000
積 送 品	3,200	積 送 品 売 上	60,000
仕 入	168,400		

（資料２）決算整理事項

(1) 期末手許商品棚卸高は 20,000 円である。

(2) 期首積送品原価は 1,600 円であり，委託販売の原価率は 64％である。なお，売上原価は，販売のつど仕入勘定へ振り替えている（その都度法）。

【解　答】

損 益 計 算 書　　（単位：円）

Ⅰ　売　　上　　高		210,000
Ⅱ　売　上　原　価		
1．期首商品棚卸高	11,600	
2．当期商品仕入高	170,000	
合　　　計	181,600	
3．期末商品棚卸高	23,200	158,400
売上総利益		51,600

貸 借 対 照 表　　（単位：円）

商　　　品	23,200	

【解　説】

1．売上原価の算定

(1) 原価ボックスの作成

　手許商品区分法（その都度法）では，期中に商品を積送した際に，その原価を「仕入」勘定から「積送品」勘定へ振り替えているため，一般販売と委託販売でそれぞれ別々の原価ボックスを作成する。

175

原価ボックス（委託販売）

```
        原価ボックス（委託販売）          ┌─ 60,000〈T/B 積送品売上〉×0.64〈委託販売原価率〉
┌────────────────┬──────────────────┐   │
│期首積送品  1,600│積送売上原価 38,400│◄─┘
│                │                  │
│積送仕入  40,000│T/B 積送品   3,200│⇐期末積送品
│（貸借差額）     │                  │
└────────────────┴──────────────────┘
```

原価ボックス（一般販売）

```
        原価ボックス（一般販売）
┌──────────────────────┬──────────────────┐
│T/B 繰越商品   10,000 │一般売上原価 120,000│
│                      │（貸借差額）        │
│T/B 仕  入   168,400  │                  │
│積送売上原価 △38,400  │                  │
│一般仕入    130,000   │期末手許商品 20,000│
└──────────────────────┴──────────────────┘
```

（注）その都度法の場合には，委託販売の売上原価38,400円が決算整理前残高試算表の「仕入」勘定に振り替えられているので，一般販売の売上原価の計算上，これを控除する。

上記の2つの原価ボックスより，損益計算書の売上原価の構成要素を求める。

（単位：円）

	一 般 販 売	委 託 販 売	合 計
期首商品棚卸高	10,000	1,600	11,600
当期商品仕入高	130,000	40,000	170,000
合　　計	140,000	41,600	181,600
期末商品棚卸高	△ 20,000	△ 3,200	△ 23,200
売　上　原　価	120,000	38,400	158,400

(2) 決算整理仕訳

① 手許商品

（仕　　　　　入）	10,000	（繰 越 商 品）（＊1）	10,000
（繰 越 商 品）（＊2）	20,000	（仕　　　　　入）	20,000

（＊1）期首手許商品原価（＝整理前 T/B 繰越商品）
（＊2）期末手許商品原価

② 積送品

三分法（その都度法）の決算整理について，次の2つの処理方法がある。

(A)決算整理仕訳を行わない方法	(B)決算整理仕訳を行う方法
仕　訳　な　し	（仕　　入） 3,200 （積 送 品） 3,200 期末積送品原価
（注）この方法は，期中に積送売上原価を「仕入」勘定へ振り替えているので，決算整理仕訳は行わないという考え方である。	（積 送 品） 3,200 （仕　　入） 3,200 期末積送品原価

委託販売について，(B)決算整理仕訳を行う方法による場合の勘定記入は，次のようになる。

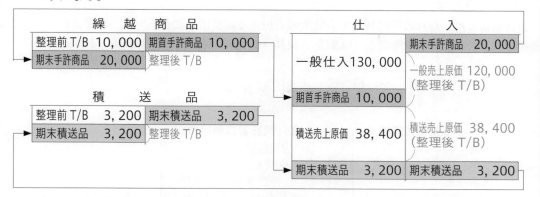

(注) (A)の方法と(B)の方法のどちらであっても結果は同じになる。

整理後T/B「仕入」⇨ 120,000円〈一般売上原価〉+38,400円〈積送売上原価〉=**158,400円**

2．決算整理後残高試算表 （一部）

	決算整理後残高試算表	（単位：円）	
期末手許商品原価⇨ 繰 越 商 品	20,000	一 般 売 上 150,000	⇦当期一般販売高
期末積送品原価⇨ 積 送 品	3,200	積送品売上 60,000	⇦当期積送販売高
一般売上原価⇨ 仕 入	158,400		
＋積送売上原価			

(注) 決算整理後の各勘定残高は，期末一括法と一致する。

補足 会計処理方法の特徴

「期末一括法」，「その都度法」の各会計処理方法の特徴（原価ボックス作成上の注意点）をまとめると次のようになる。

1．期末一括法の特徴

① 一般販売とは別の原価ボックスで委託販売の売上原価を計算する。
② 前T/B「積送品」の残高は，期首積送品原価と当期積送高の合計を表している。

2．その都度法の特徴

① 一般販売とは別の原価ボックスで委託販売の売上原価を計算する。
② 前T/B「積送品」の残高は，期末積送品原価を表している。
③ 前T/B「仕入」の残高には，委託販売の売上原価が含まれている。
∴ 一般販売の原価ボックスの当期仕入から委託販売の売上原価を控除する。

5 積送諸掛の会計処理

1. 積送諸掛とは

　積送諸掛とは，委託販売に関して委託者の負担する諸費用のことをいう。積送諸掛は，(1)委託者発送諸掛，(2)受託者立替諸掛，(3)販売手数料（受託者の取り分）から構成されている。

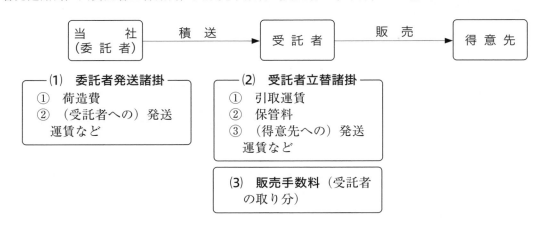

2. 積送諸掛の会計処理

(1) 委託者発送諸掛の処理

　委託者発送諸掛は当期に積送した全商品にかかる費用であり，その処理方法には，①積送品原価に算入する方法と，②積送諸掛（販売費）として処理する方法がある。

〈例〉商品1,000円（原価）を積送し，発送運賃100円を現金で支払った。

	①積送品原価に算入する方法	②積送諸掛（販売費）として処理する方法
積　送　時	(積　送　品)1,000 (仕　　　入)1,000 　　当期積送高 (積　送　品)　100 (現　　　金)　100 　　積送諸掛	(積　送　品)1,000 (仕　　　入)1,000 　　当期積送高 (積送諸掛)　100 (現　　　金)　100 　　販売費

(2) 受託者立替諸掛および販売手数料の処理

　受託者立替諸掛および販売手数料の処理方法には，①積送諸掛（販売費）として処理する方法（総額法）と，②積送品売上高と相殺する方法（純額法）がある。

〈例〉受託者より積送品1,000円（売価）が販売された旨の報告を受けた。立替諸掛および販売手数料として200円を差し引いた残額800円は後日受け取る。

	①積送諸掛（販売費）として処理する方法	②積送品売上高と相殺する方法
販　売　時	(積送未収金)　800 (積送品売上)1,000 (積送諸掛)　200 　　販売費	(積送未収金)　800 (積送品売上)　800 　　　　　　　　　　正味手取額

(3) **積送諸掛の繰延べ**

積送諸掛を「積送諸掛（販売費）」勘定で処理している場合には，決算時に未販売の積送品に対応する諸掛りを次期に繰り延べるために「繰延積送諸掛（流動資産）」勘定に振り替える。また，この場合には，翌期の費用にするために翌期首または翌決算時に再振替仕訳を行う。

〈例〉積送諸掛100円は当期に積送した100個の積送品に対するものである。当期中に80個が販売され，20個は期末現在未販売である。

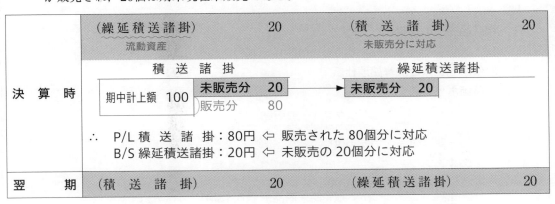

| 決 算 時 | （繰延積送諸掛）　　20　（積送諸掛）　　20 |
| | |

∴　P/L 積 送 諸 掛：80円 ⇦ 販売された 80個分に対応
　　B/S 繰延積送諸掛：20円 ⇦ 未販売の 20個分に対応

| 翌　　　期 | （積 送 諸 掛）　　20　（繰延積送諸掛）　　20 |

設例 7-5

次の資料にもとづいて，決算整理後残高試算表（一部）を完成しなさい。

（資料１）決算整理前残高試算表（一部）

決算整理前残高試算表　　（単位：円）

繰 越 商 品	15,000	一 般 売 上	300,000
積　　送　　品	123,000	積 送 品 売 上	
仕　　　　入	195,000		
積 送 諸 掛	1,230		

（資料２）決算整理事項等

1．期末手許商品棚卸高は10,000円である。

2．委託販売の原価率は，販売額に対して60％である。なお，当期の委託販売における販売額は180,000円であり，販売手数料は18,000円であった。当社は，手取金をもって積送品売上を計上している。

3．委託販売の売上原価は，期末に一括して積送品勘定から仕入勘定に振り替える。

4．発送時の諸掛りは積送諸掛勘定で処理し，期末未販売分に対応する分を繰延積送諸掛勘定に振り替え，翌期首に再振替仕訳をする。当期の積送高は110,000円，積送諸掛は1,100円であり，積送品に均等配分する。

179

【解　答】

決算整理後残高試算表　　（単位：円）

繰越商品	（10,000）	一般売上 （300,000）
積送品	（15,000）	積送品売上 （162,000）
繰延積送諸掛	（150）	
仕入	（308,000）	
積送諸掛	（1,080）	

【解　説】

1．積送品売上の推定

180,000円〈販売額〉－18,000円〈諸掛り〉＝162,000円〈手取額＝積送品売上〉

2．原価ボックスと決算整理仕訳

(1)　原価ボックス

原価ボックス（一般販売）

期首商品　15,000	売上原価　200,000
当期仕入　195,000	期末商品　10,000

原価ボックス（委託販売）

整理前T/B
積送品
123,000

期首積送品　13,000	売上原価　108,000　←──180,000〈販売額〉
当期積送　110,000	期末積送品　15,000　　×0.6

　(注)　期末一括法のため，決算整理前残高試算表の積送品123,000円は，期首積送品と当期積送高110,000円の合計となる。したがって，期首積送高は13,000円となる。

∴　後T/B仕入：200,000円〈一般〉＋108,000円〈委託〉＝308,000円

(2)　決算整理仕訳

①　一般販売

（仕　　　　　入）	15,000	（繰　越　商　品）	15,000
（繰　越　商　品）	10,000	（仕　　　　　入）	10,000

②　委託販売（期末一括法）

（仕　　　　　入）	123,000	（積　　送　　品）	123,000
（積　　送　　品）	15,000	（仕　　　　　入）	15,000
（繰延積送諸掛）(＊)	150	（積　送　諸　掛）	150

（＊）$1,100円 \times \dfrac{15,000円}{110,000円} = 150円$〈繰延積送諸掛〉

∴　後T/B積送諸掛：1,230円〈前T/B〉－150円＝1,080円

研究 受託販売

受託販売とは，委託者の代理人（受託者）として受託品を販売することをいう。

受託販売では，自己の計算で商品売買を行っているわけではないので，仕入や売上は計上せずに，販売手数料を「受取手数料」として計上する。なお，委託者に対する債権・債務は「受託販売」勘定で処理する。

受 託 販 売

委託者に対する債権 （立替金・未収入金）	委託者に対する債務 （預り金）

受託販売の会計処理は，次のようになる。

〈例〉 1．受託品10,000円（原価）を引き取り，引取費用1,000円を現金で立替払いした。
2．受託品12,000円を掛けで販売した。なお，販売手数料は1,000円である。
3．委託者に手取金10,000円を当座預金から送金した。

1．受託品の引取時

（受 託 販 売）	1,000	（現　　　　　金）	1,000
立替金			

2．受託品の販売時

（売　掛　金）	12,000	（受 託 販 売）	12,000
		預り金	
（受 託 販 売）	1,000	（受 取 手 数 料）	1,000
未収入金			

3．手取金の送金時

（受 託 販 売）	10,000	（当 座 預 金）	10,000
手取金			

「受託販売」勘定の記入は，次のようになる。

受 託 販 売

1．引取費用 1,000	
2．販売手数料 1,000	2．販 売 高 12,000
3．手 取 金 10,000	

委託買付と受託買付

　委託買付とは，他者をとおして買付け（仕入）を行うことであり，受託買付とは，他者の依頼を受けて買付け（仕入）を行うことである。

　この場合，委託買付側は，通常の仕入に準じて処理するが，代金の一部を前払いした場合には，「前払金」勘定または「委託買付」勘定で処理する。また，受託買付側では，委託者に対する債権（買付代金，立替諸掛，買付手数料など）および債務（前受金など）を「受託買付」勘定で処理する。

〈例〉　1．A社は，B社に対して商品10,000円の買付けを委託し，代金の一部として2,000円を現金で支払った。

　　　2．B社は，A社から委託された商品10,000円を買い付け，代金は現金で支払った。

　　　3．B社は，商品をA社に発送し，A社はこれを受け取った。なお，B社は買付手数料1,000円を合わせた11,000円から前受金2,000円を控除した残額9,000円をA社に請求した。

　　　4．A社は，B社に9,000円を現金で支払った。

	A社（委託買付側）	B社（受託買付側）
1	（前 払 金）2,000（現 金）2,000	（現 金）2,000（受託買付）2,000
2	仕 訳 な し	（受託買付）10,000（現 金）10,000
3	（仕 入）11,000（前 払 金）2,000 （買 掛 金）9,000	（受託買付）1,000（受取手数料）1,000
4	（買 掛 金）9,000（現 金）9,000	（現 金）9,000（受託買付）9,000

MEMO

委託販売

08 試用販売
Theme

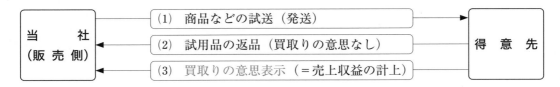

Check ここでは，試用販売の会計処理について学習する。

1 試用販売とは

　試用販売とは，得意先に一定の期間（試用期間），商品などの試用をさせ，その結果買い取るか否かの判断をしてもらう販売形態をいう。

当　　社 （販 売 側）	← (1)　商品などの試送（発送） →	得　意　先
	← (2)　試用品の返品（買取りの意思なし）	
	← (3)　買取りの意思表示（＝売上収益の計上）	

2 売上収益の計上基準

　試用販売では，顧客が買取りの意思を表示または試用期間の終了により，商品などに対する支配が顧客へ移転することになるため，顧客が買取りの意思を表示したときまたは試用期間が終了したときに売上収益を計上する。

> （注）試用のための商品などの引渡しだけでは，企業は顧客から対価を受け入れることができず，顧客も商品など
> を試用または評価以外のことができない。そのため，商品などに対する支配が移転したことにはならないた
> め，商品などの引渡しだけでは収益を認識しない。

補足 ｜ 試用販売と返品権付き販売

　両者ともに返品の可能性のある取引である。しかし，試用販売では，引渡し時点で顧客に所有権が移転していないが，返品権付き販売では，引渡し時点で顧客に所有権が移転しているという違いがある。また，試用販売は，顧客が使用する商品などの引渡しであるのに対して，返品権付き販売は，顧客が再販売する商品などの引き渡しであるという違いもある。たとえば，出版社が書店に本を販売するような販売形態が返品権付き販売に該当する。

---

3 会計処理方法

　試用販売の処理方法には，次の各方法がある。

	対　照　勘　定　法	
三　分　法	手 許 商 品 区 分 法	期 末 一 括 法
		そ の 都 度 法

　ここでは手許商品区分法（期末一括法，その都度法）について説明する。

4 手許商品区分法

1. 期末一括法

(1) 期中処理

　期末一括法では，期中に商品を試送したときに，その原価を「仕入」勘定から「試用品」勘定へ振り替える。また，得意先から買取りの意思表示を受けたときまたは試用期間が終了したときに試用品の売上収益を計上する。

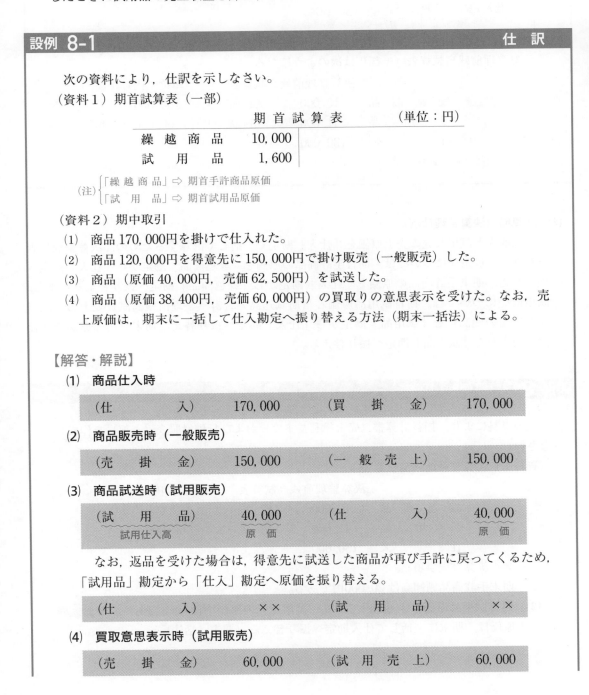

設例 8-1　　　　　　　　　　　　　　　　　　　　　　　　　　　仕 訳

　次の資料により，仕訳を示しなさい。
（資料1）期首試算表（一部）

期 首 試 算 表　　　　　（単位：円）

繰 越 商 品	10,000
試 用 品	1,600

（注）{ 「繰 越 商 品」 ⇨ 期首手許商品原価
　　　 「試 用 品」 ⇨ 期首試用品原価 }

（資料2）期中取引
(1) 商品170,000円を掛けで仕入れた。
(2) 商品120,000円を得意先に150,000円で掛け販売（一般販売）した。
(3) 商品（原価40,000円，売価62,500円）を試送した。
(4) 商品（原価38,400円，売価60,000円）の買取りの意思表示を受けた。なお，売上原価は，期末に一括して仕入勘定へ振り替える方法（期末一括法）による。

【解答・解説】
(1) **商品仕入時**

(仕　　　　入)	170,000	(買　掛　金)	170,000

(2) **商品販売時（一般販売）**

(売　掛　金)	150,000	(一　般　売　上)	150,000

(3) **商品試送時（試用販売）**

(試　用　品)	40,000	(仕　　　　入)	40,000
試用仕入高	原　価		原　価

　なお，返品を受けた場合は，得意先に試送した商品が再び手許に戻ってくるため，「試用品」勘定から「仕入」勘定へ原価を振り替える。

(仕　　　　入)	××	(試　用　品)	××

(4) **買取意思表示時（試用販売）**

(売　掛　金)	60,000	(試　用　売　上)	60,000

以上の仕訳の結果，決算整理前の各勘定の残高は次のようになる。

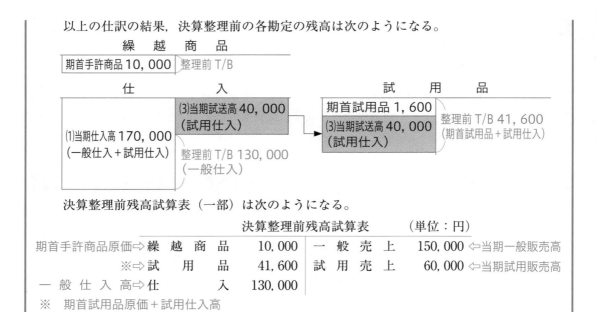

決算整理前残高試算表（一部）は次のようになる。

期首手許商品原価⇨　繰　越　商　品　　10,000　｜一　般　売　上　　150,000　⇦当期一般販売高
　　　　　※⇨　試　用　品　　41,600　｜試　用　売　上　　60,000　⇦当期試用販売高
一　般　仕　入　高⇨　仕　　　　　入　　130,000　｜
※　期首試用品原価＋試用仕入高

決算整理前残高試算表　　　（単位：円）

(2)　**決算時（決算整理仕訳）**

　　一般販売と試用販売の売上原価を「仕入」勘定で一括して計算するための，決算整理仕訳を行う。一般販売については，期首手許商品の原価を「繰越商品」勘定から「仕入」勘定へ振り替え，期末手許商品の原価を「仕入」勘定から「繰越商品」勘定へ振り替える。また，試用販売については，期首試用品原価と当期試送高の合計（整理前残高試算表上の「試用品」勘定の残高）を「試用品」勘定から「仕入」勘定へ振り替え，期末試用品原価を「仕入」勘定から「試用品」勘定へ振り替える。

設例 8-2 （設例8-1の続き）

　　次の資料により，損益計算書（売上総利益まで）および貸借対照表（一部）を作成しなさい。

（資料1）決算整理前残高試算表（一部）

決算整理前残高試算表　　　（単位：円）

繰　越　商　品　　10,000　｜一　般　売　上　　150,000
試　用　品　　41,600　｜試　用　売　上　　60,000
仕　　　　　入　　130,000　｜

（資料2）決算整理事項

(1)　期末手許商品棚卸高は20,000円である。

(2)　期首試用品原価は1,600円であり，試用販売の原価率は64%である。なお，売上原価は，期末に一括して仕入勘定へ振り替える（期末一括法）。

【解　答】

損　益　計　算　書　　　　　　　（単位：円）

Ⅰ　売　　上　　高　　　　　　　　　　　　　　210,000

Ⅱ　売　上　原　価

　　1．期首商品棚卸高　　　　　　11,600

　　2．当期商品仕入高　　　　　 170,000

　　　　合　　　計　　　　　　　 181,600

　　3．期末商品棚卸高　　　　　　23,200　　　158,400

　　　　売上総利益　　　　　　　　　　　　　　 51,600

貸　借　対　照　表　　　　　　　（単位：円）

商　　　品　　23,200

【解　説】

1．売上原価の算定

⑴　原価ボックスの作成

　手許商品区分法（期末一括法）では，期中に商品を試送した際に，その原価を「仕入」勘定から「試用品」勘定へ振り替えているため，一般販売と試用販売でそれぞれ別々の原価ボックスを作成する。

原価ボックス（一般販売）

T/B 繰越商品　　10,000	一般売上原価　120,000 （貸借差額）
T/B 仕　入 130,000 （一般仕入）	期末手許商品　　20,000

原価ボックス（試用販売）

整理前 T/B
試　用　品
41,600

期首試用品　　 1,600	試用売上原価　　38,400	◀── 60,000〈T/B 試用売上〉 ×0.64〈試用販売原価率〉
試用仕入　　40,000 （41,600－1,600＝40,000）	期末試用品　　 3,200	⇦貸借差額

　上記の2つの原価ボックスより，損益計算書の売上原価の構成要素を求める。

（単位：円）

	一　般　販　売	試　用　販　売	合　　　計
期首商品棚卸高	10,000	1,600	11,600
当期商品仕入高	130,000	40,000	170,000
合　　　計	140,000	41,600	181,600
期末商品棚卸高	△ 20,000	△ 3,200	△ 23,200
売　上　原　価	120,000	38,400	158,400

(2) 決算整理仕訳

① 手許商品

(仕 入)	10,000	(繰 越 商 品)(＊1)	10,000
(繰 越 商 品)(＊2)	20,000	(仕 入)	20,000

（＊1）期首手許商品原価（＝整理前T/B繰越商品）
（＊2）期末手許商品原価

② 試用品

(仕 入)	41,600	(試 用 品)(＊1)	41,600
(試 用 品)(＊2)	3,200	(仕 入)	3,200

（＊1）期首試用品原価＋試用仕入高＝整理前T/B試用品
（＊2）期末試用品原価

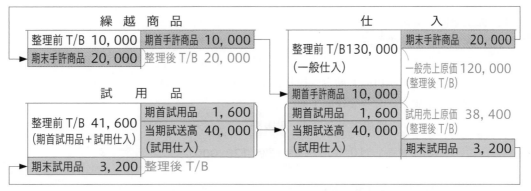

整理後T/B「仕入」⇨ 120,000円〈一般売上原価〉＋38,400円〈試用売上原価〉＝**158,400円**

2．決算整理後残高試算表（一部）

決算整理後残高試算表　　　（単位：円）

期末手許商品原価⇨	繰 越 商 品	20,000	一 般 売 上	150,000	⇦当期一般販売高
期末試用品原価⇨	試 用 品	3,200	試 用 売 上	60,000	⇦当期試用販売高
一般売上原価⇨ ＋試用売上原価	仕 入	158,400			

2. その都度法

(1) 期中処理

　その都度法では，期中に商品を試送したときに，その原価を「仕入」勘定から「試用品」勘定へ振り替える。また，得意先から買取りの意思表示を受けたときまたは試用期間が終了したときに試用品の売上収益を計上するとともに，試用品の売上原価を「試用品」勘定から「仕入」勘定へ振り替える。

設例 8-3　　　　　　　　　　　　　　　　　　　　　　　　仕　訳

次の資料により，仕訳を示しなさい。

（資料1）期首試算表（一部）

期 首 試 算 表　　　（単位：円）

繰 越 商 品	10,000
試 用 品	1,600

（資料2）期中取引
(1) 商品170,000円を掛けで仕入れた。
(2) 商品120,000円を得意先に150,000円で掛け販売（一般販売）した。
(3) 商品（原価40,000円，売価62,500円）を試送した。
(4) 商品（原価38,400円，売価60,000円）について，買取りの意思表示を受けた。

　なお，売上原価は，販売のつど仕入勘定へ振り替える方法（その都度法）による。

【解答・解説】

(1) 商品仕入時

(仕　　　　　入)	170,000	(買　掛　金)	170,000

(2) 商品販売時（一般販売）

(売　掛　金)	150,000	(一　般　売　上)	150,000

(3) 商品試送時（試用販売）

(試　用　品)	40,000	(仕　　　　　入)	40,000
試用仕入高	原　価		原　価

　なお，返品を受けた場合は，得意先に試送した商品が再び手許に戻ってくるため，「試用品」勘定から「仕入」勘定へ原価を振り替える。

(仕　　　　　入)	××	(試　用　品)	××

(4) 買取意思表示時（試用販売）

(売　掛　金)	60,000	(試　用　売　上)	60,000
(仕　　　　　入)	38,400	(試　用　品)	38,400
試用売上原価			

以上の仕訳の結果，決算整理前の各勘定の残高は次のようになる。

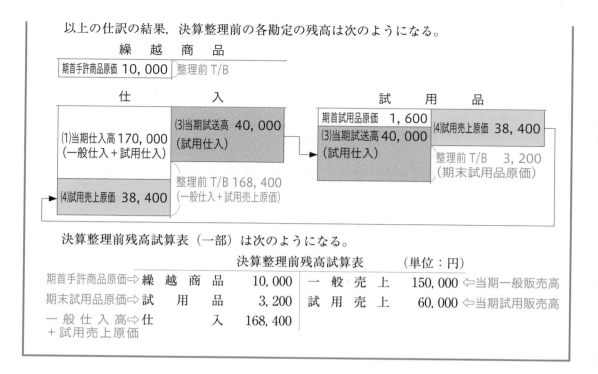

決算整理前残高試算表（一部）は次のようになる。

決算整理前残高試算表		（単位：円）		
期首手許商品原価⇨繰 越 商 品	10,000	一 般 売 上	150,000	⇦当期一般販売高
期末試用品原価⇨試 用 品	3,200	試 用 売 上	60,000	⇦当期試用販売高
一 般 仕 入 高⇨仕 入 +試用売上原価	168,400			

(2) 決算時（決算整理仕訳）

　　一般販売と試用販売の売上原価を「仕入」勘定で一括して計算するための，決算整理仕訳を行う。一般販売については，期首手許商品の原価を「繰越商品」勘定から「仕入」勘定へ振り替え，期末手許商品の原価を「仕入」勘定から「繰越商品」勘定へ振り替える。また，試用販売については，期末試用品原価を「試用品」勘定から「仕入」勘定へ振り替えるとともに，同額を「仕入」勘定から「試用品」勘定へ再び振り替える。なお，この処理は省略することもある。

設例 8-4 （設例8-3の続き）

　　次の資料により，損益計算書（売上総利益まで）および貸借対照表（一部）を作成しなさい。

（資料１）決算整理前残高試算表（一部）

決算整理前残高試算表		（単位：円）	
繰 越 商 品	10,000	一 般 売 上	150,000
試 用 品	3,200	試 用 売 上	60,000
仕 入	168,400		

（資料２）決算整理事項
(1) 期末手許商品棚卸高は20,000円である。
(2) 期首試用品原価は1,600円であり，試用販売の原価率は64％である。なお，売上原価は，販売のつど仕入勘定へ振り替えている（その都度法）。

【解 答】

損 益 計 算 書　　　　（単位：円）

Ⅰ　売　　上　　高　　　　　　　　　　　　　210,000
Ⅱ　売　上　原　価
　　1．期首商品棚卸高　　　　　　11,600
　　2．当期商品仕入高　　　　　 170,000
　　　　　合　　　計　　　　　　 181,600
　　3．期末商品棚卸高　　　　　　23,200　　　 158,400
　　　　売上総利益　　　　　　　　　　　　　　 51,600

貸 借 対 照 表　　　　（単位：円）

商　　　　品　　23,200

【解 説】

1．売上原価の算定

(1)　原価ボックスの作成

　　手許商品区分法（その都度法）では，期中に商品を試送した際に，その原価を「仕入」勘定から「試用品」勘定へ振り替えているため，一般販売と試用販売でそれぞれ別々の原価ボックスを作成する。

原価ボックス（試用販売）　　　　60,000〈T/B 試用売上〉×0.64〈試用販売原価率〉

| 期首試用品　　1,600 | 試用売上原価　38,400 |
| **試用仕入　40,000**
（貸借差額） | T/B 試用品　　3,200　⇐期末試用品 |

原価ボックス（一般販売）

| T/B 繰越商品　10,000 | 一般売上原価 120,000
（貸借差額） |
| T/B 仕　入 168,400
試用売上原価 △38,400
一般仕入 130,000 | 期末手許商品　20,000 |

(注) その都度法の場合には，試用販売の売上原価38,400円が決算整理前残高試算表の「仕入」勘定に振り替えられているので，一般販売の売上原価の計算上，これを控除する。

　　上記の2つの原価ボックスより，損益計算書の売上原価の構成要素を求める。

（単位：円）

	一　般　販　売	試　用　販　売	合　　　計
期首商品棚卸高	10,000	1,600	11,600
当期商品仕入高	130,000	40,000	170,000
合　　　計	140,000	41,600	181,600
期末商品棚卸高	△ 20,000	△ 3,200	△ 23,200
売　上　原　価	120,000	38,400	158,400

(2) 決算整理仕訳

① 手許商品

| (仕　　　　　入) | 10,000 | (繰 越 商 品)（＊１） | 10,000 |
| (繰 越 商 品)（＊２) | 20,000 | (仕　　　　　入) | 20,000 |

（＊１）期首手許商品原価（＝整理前T/B繰越商品）
（＊２）期末手許商品原価

② 試用品

三分法（その都度法）の決算整理について，次の２つの処理方法がある。

(A)決算整理仕訳を行わない方法	(B)決算整理仕訳を行う方法
仕 訳 な し	(仕　　入) 3,200 (試用品) 3,200　期末試用品原価
(注) この方法は，期中に試用売上原価を「仕入」勘定へ振り替えているので，決算整理仕訳は行わないという考え方である。	(試 用 品) 3,200 (仕　　入) 3,200　期末試用品原価

試用販売について，(B)決算整理仕訳を行う方法による場合の勘定記入は，次のようになる。

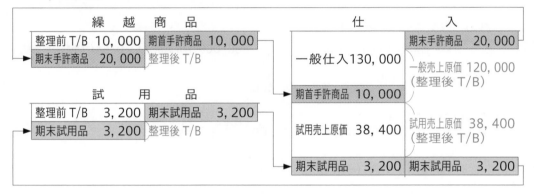

(注) (A)の方法と(B)の方法のどちらであっても結果は同じになる。

整理後T/B「仕入」 ⇨ 120,000円〈一般売上原価〉＋38,400円〈試用売上原価〉＝**158,400円**

2. 決算整理後残高試算表（一部）

決算整理後残高試算表　　　　（単位：円）

期末手許商品原価⇨	繰 越 商 品	20,000	一 般 売 上	150,000	⇦当期一般販売高
期末試用品原価⇨	試 用 品	3,200	試 用 売 上	60,000	⇦当期試用販売高
一般売上原価⇨ ＋試用売上原価	仕　　　　入	158,400			

(注) 決算整理後の各勘定残高は，期末一括法と一致する。

192

研究 対照勘定法

対照勘定法とは，対照勘定（貸借で一対となっている勘定）を使用し，商品などを試送したときに，その売価により備忘記録しておく方法である。

試用販売における対照勘定の例をあげると，次のような勘定がある。

借 方 科 目	貸 方 科 目
試 用 売 掛 金	試 用 仮 売 上
試 用 販 売 売 掛 金	試 用 販 売 仮 売 上
試 用 仮 売 掛 金	試 用 販 売
試 用 販 売 契 約	試 用 先
試 用 未 収 金	
試 用 販 売	

このテキストでは，「試用未収金」および「試用仮売上」を使用して説明する。

1．期中処理

商品などを試送（発送）した時点で，その事実を忘れないようにするため，売価により対照勘定で備忘記録をしておく。また，得意先から買取りの意思表示を受けたときに，売上収益を計上するとともに，同額の対照勘定を消滅させるための逆仕訳を行う。

〈例1〉次の資料により，決算整理前残高試算表（一部）を作成しなさい。
（資料1）期首試算表（一部）

	期 首 試 算 表	（単位：円）
繰 越 商 品	10,000	試 用 仮 売 上　　2,500
試 用 品	1,600	
試 用 未 収 金	2,500	

（注）
「繰 越 商 品」⇨ 期首手許商品原価
「試 用 品」⇨ 期首試用品原価
「試用未収金」
「試用仮売上」 ⟶ 期首試用品売価

（資料2）期中取引
(1) 商品170,000円を掛けで仕入れた。
(2) 商品120,000円を得意先に150,000円で掛け販売（一般販売）した。
(3) 商品40,000円を得意先に62,500円（売価）で試送した。
(4) 得意先に試送中の商品のうち60,000円（売価）について，買取りの意思表示を受けた。

右余白：Theme 08　試用販売

(1) 商品仕入時

（仕 入）	170,000	（買 掛 金）	170,000

(2) 商品販売時（一般販売）

（売 掛 金）	150,000	（一 般 売 上）	150,000

(3) 商品試送時（試用販売）

（試 用 未 収 金）	62,500	（試 用 仮 売 上）	62,500
対照勘定	売 価	対照勘定	売 価

(4) 買取りの意思表示時（試用販売）

（売 掛 金）	60,000	（試 用 売 上）	60,000
（試 用 仮 売 上）	60,000	（試 用 未 収 金）	60,000
	売上と同額		売上と同額

なお，返品を受けた場合は，得意先に試送した商品が再び手許に戻ってくるため，その売価相当額だけ対照勘定を消滅させるための逆仕訳を行う。

（試 用 仮 売 上）	××	（試 用 未 収 金）	××

以上の仕訳の結果，決算整理前の各勘定の残高は次のようになる。

```
        繰 越 商 品                          仕            入
┌───────────────┬───────┐      ┌─────────────────┬───────┐
│期首手許商品原価10,000│整理前 T/B│      │(1)当期仕入高170,000│整理前 T/B│
└───────────────┴───────┘      │(一般仕入＋試用仕入)│        │
        試  用  品                       └─────────────────┴───────┘
┌──────────────┬───────┐
│期首試用品原価 1,600│整理前 T/B│
└──────────────┴───────┘

        試 用 未 収 金                       試 用 仮 売 上
┌──────────────┬─────────────┐    ┌─────────────┬──────────────┐
│期首試用品売価 2,500│(4)当期販売高 60,000│    │(4)当期販売高 60,000│期首試用品売価 2,500│
│               │(試用売上)        │    │(試用売上)        │               │
│(3)当期試送高 62,500│整理前 T/B  5,000│◄──►│整理前 T/B  5,000│(3)当期試送高 62,500│
│               │(期末試用品売価)   │    │(期末試用品売価)   │               │
└──────────────┴─────────────┘    └─────────────┴──────────────┘
```

決算整理前残高試算表（一部）は次のようになる。

決算整理前残高試算表　　　　（単位：円）

期首手許商品原価⇨繰 越 商 品	10,000	一 般 売 上	150,000	⇦当期一般販売高
期首試用品原価⇨試 用 品	1,600	試 用 売 上	60,000	⇦当期試用販売高
※⇨仕 入	170,000	試 用 仮 売 上	5,000	⇦期末試用品売価
期末試用品売価⇨試 用 未 収 金	5,000			

※　一般仕入高＋試用仕入高

194

2．決算時（決算整理仕訳）

一般販売と試用販売の売上原価を「仕入」勘定で一括して計算するための，決算整理仕訳を行う。
期末試用品原価は，次のように計算する。

> 対照勘定の期末残高 × 試用販売原価率 ＝ 期末試用品原価
> （期末試用品売価）

〈例２〉次の資料により，損益計算書（売上総利益まで）および貸借対照表（一部）を作成しなさい。

（資料１）決算整理前残高試算表（一部）

決算整理前残高試算表 （単位：円）

繰 越 商 品	10,000	一 般 売 上	150,000
試 用 品	1,600	試 用 売 上	60,000
仕 入	170,000	試 用 仮 売 上	5,000
試 用 未 収 金	5,000		

（資料２）決算整理事項

(1) 期末手許商品棚卸高は20,000円である。

(2) 試用販売の原価率は毎期64％である。

(1) 売上原価の算定

① 原価ボックスの作成

対照勘定法では，期中に商品を試送した際に，その原価を「仕入」勘定から抜き取っていないため，一般販売と同じ原価ボックスで原価を分析する。

原価ボックス（一般＋試用）

T/B 繰越商品	10,000	売上原価	158,400
T/B 試用品	1,600	（貸借差額）	
T/B 仕 入	170,000	期末手許商品	20,000
（一般仕入＋試用仕入）		期末試用品	3,200

← 5,000〈対照勘定残高〉×0.64〈試用販売原価率〉
期末試用品売価

② 決算整理仕訳

（仕 入）	11,600	（繰 越 商 品）（＊1）	10,000
		（試 用 品）（＊2）	1,600
（繰 越 商 品）（＊3）	20,000	（仕 入）	23,200
（試 用 品）（＊4）	3,200		

（＊1）　期首手許商品原価
（＊2）　期首試用品原価
（＊3）　期末手許商品原価
（＊4）　期末試用品原価

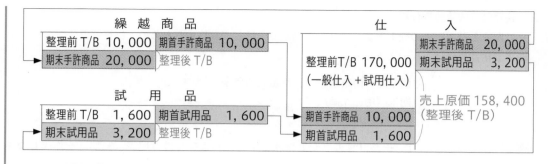

(2) 決算整理後残高試算表（一部）

決算整理後残高試算表 （単位：円）

期末手許商品原価⇨	繰 越 商 品	20,000	一 般 売 上	150,000	⇦当期一般販売高
期末試用品原価⇨	試 用 品	3,200	試 用 売 上	60,000	⇦当期試用販売高
※⇨	仕 入	158,400	試 用 仮 売 上	5,000	⇦期末試用品売価
期末試用品売価⇨	試 用 未 収 金	5,000			

※ 一般売上原価＋試用売上原価

(3) 損益計算書（売上総利益まで）および貸借対照表（一部）

損益計算書 （単位：円）

Ⅰ 売 上 高		210,000
Ⅱ 売 上 原 価		
1．期首商品棚卸高	11,600	
2．当期商品仕入高	170,000	
合 計	181,600	
3．期末商品棚卸高	23,200	158,400
売上総利益		51,600

貸 借 対 照 表 （単位：円）

商 品 23,200	

（注）対照勘定は，帳簿上の備忘記録であり，財務諸表には記載されない。

MEMO

09 未着品販売
Theme

Check ここでは，未着品販売の会計処理について学習する。

1 未着品販売とは

未着品とは，遠隔地から商品を仕入れ，商品が到着する前に貨物代表証券（運送業者から商品を引き取る権利を表す証券）を取得した場合，その貨物代表証券によって表示される商品をいい，この商品を引き取る前に，貨物代表証券のまま他人に転売（販売）することを未着品販売という。

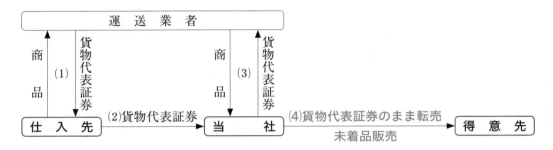

2 会計処理方法

未着品販売の処理方法には，次の各方法がある。

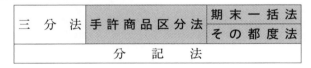

ここでは手許商品区分法（期末一括法，その都度法）について説明する。

3 手許商品区分法

手許商品区分法とは，期中において，手許にある商品の原価と手許にない商品の原価（未着品の原価）を区分して処理する方法である。

1. 期末一括法
⑴ 期中処理

期末一括法では，期中において貨物代表証券を取得したときは，手許にある商品（手許商品）と区別して管理するため，「未着品」勘定で処理する。また，貨物代表証券のまま他人に転売（販売）したときは，その売価を「未着品売上」勘定で処理する。

なお，貨物代表証券のまま転売（販売）せずに現品を引き取ったときには，手許商品として管理するため，その原価を「未着品」勘定から「仕入」勘定へ振り替える。

198

次の資料により，仕訳を示しなさい。

（資料１）期首試算表（一部）

<table>
<tr><td colspan="3" style="text-align:center">期 首 試 算 表</td><td style="text-align:right">（単位：円）</td></tr>
<tr><td>繰 越 商 品</td><td style="text-align:right">25,000</td><td></td><td></td></tr>
<tr><td>未 着 品</td><td style="text-align:right">15,000</td><td></td><td></td></tr>
</table>

(注) 「繰 越 商 品」⇨ 期首手許商品原価
　　　「未 着 品」⇨ 期首未着品原価（貨物代表証券期首有高）

（資料２）期中取引
(1)　商品 76,000円を掛けで仕入れた。
(2)　運送中の商品 40,000円を貨物代表証券により取得し，代金は掛けとした。
(3)　貨物代表証券 9,000円と引換えに商品を受け取った。
(4)　商品 80,000円を得意先に 100,000円で掛け販売（一般販売）した。
(5)　貨物代表証券手許有高のうち 36,000円を 60,000円で掛けにより転売した。なお，
　　売上原価は期末に一括して仕入勘定へ振り替える方法（期末一括法）による。

【解答・解説】
(1)　**商品仕入時**

（仕　　　　入）	76,000	（買　　掛　　金）	76,000
手許商品			

(2)　**貨物代表証券取得時**

（未　　着　　品）	40,000	（買　　掛　　金）	40,000
貨物代表証券			

(3)　**現品引取時**

（仕　　　　入）	9,000	（未　　着　　品）	9,000
手許商品		貨物代表証券	

(4)　**商品販売時（一般販売）**

（売　　掛　　金）	100,000	（一　般　売　上）	100,000

(5)　**貨物代表証券転売時**

（売　　掛　　金）	60,000	（未　着　品　売　上）	60,000

以上の仕訳の結果，決算整理前の各勘定の残高は次のようになる。

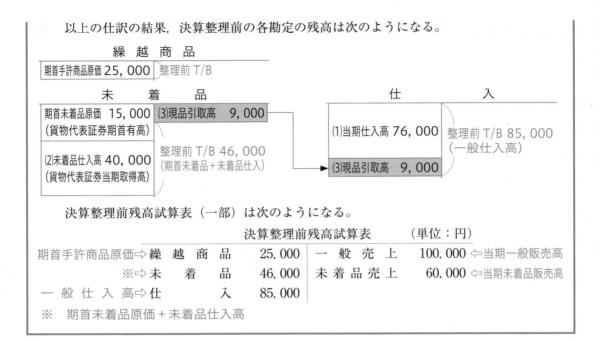

　　決算整理前残高試算表（一部）は次のようになる。

決算整理前残高試算表 　　（単位：円）

期首手許商品原価⇒	繰 越 商 品	25,000	一 般 売 上	100,000	⇐当期一般販売高
※⇒	未 着 品	46,000	未 着 品 売 上	60,000	⇐当期未着品販売高
一 般 仕 入 高⇒	仕 　 入	85,000			

※　期首未着品原価＋未着品仕入高

(2)　決算時（決算整理仕訳）

　　一般販売と未着品販売の売上原価を「仕入」勘定で一括して計算するための，決算整理仕訳を行う。一般販売については，期首手許商品原価を「繰越商品」勘定から「仕入」勘定へ振り替え，期末手許商品原価を「仕入」勘定から「繰越商品」勘定へ振り替える。また，未着品販売については，期首未着品原価と未着品仕入高の合計（整理前残高試算表上の「未着品」勘定の残高）を「未着品」勘定から「仕入」勘定へ振り替え，期末未着品原価を「仕入」勘定から「未着品」勘定へ振り替える。

設例 9-2 （設例9-1の続き）

　　次の資料により，損益計算書（売上総利益まで）および貸借対照表（一部）を作成しなさい。

（資料１）決算整理前残高試算表（一部）

決算整理前残高試算表 　　（単位：円）

繰 越 商 品	25,000	一 般 売 上	100,000
未 着 品	46,000	未 着 品 売 上	60,000
仕 　 入	85,000		

（資料２）決算整理事項

(1)　期末手許商品原価は30,000円である。

(2)　期首未着品原価は15,000円であり，未着品販売の原価率は毎期60％である。なお，売上原価は，期末に一括して仕入勘定へ振り替える方法（期末一括法）による。

【解　答】

損　益　計　算　書　　　　（単位：円）

Ⅰ　売　　上　　高
　　1．一　般　売　上　高　　　　100,000
　　2．未　着　品　売　上　高　　　60,000　　　　160,000
Ⅱ　売　　上　　原　　価
　　1．期首商品棚卸高　　　　　　40,000
　　2．当期商品仕入高　　　　　116,000
　　　　　合　　　　計　　　　　156,000
　　3．期末商品棚卸高　　　　　　40,000　　　　116,000
　　　　売　上　総　利　益　　　　　　　　　　　　44,000

貸　借　対　照　表　　　　（単位：円）

商　　　　　品　　40,000

【解　説】

1．売上原価の算定

(1)　原価ボックスの作成

　　手許商品区分法（期末一括法）では，手許にない商品を「未着品」勘定で処理し，手許にある商品を「仕入」勘定で処理しているため，未着品販売と一般販売でそれぞれ別々の原価ボックスを作成する。

原価ボックス（一般販売）

T/B 繰越商品　25,000	一般売上原価　80,000	⇐貸借差額
T/B 仕　入　85,000 （一般仕入）	期末手許商品　30,000	

原価ボックス（未着品）

整理前 T/B
未　着　品
　　46,000

期首未着品　15,000	未着品売上原価　36,000	⇐ 60,000〈T/B 未着品売上〉 ×0.6〈未着品原価率〉
未着品仕入　31,000 （46,000 − 15,000 = 31,000）	期末未着品　10,000	⇐貸借差額

　　上記の2つの原価ボックスより，損益計算書の売上原価の構成要素を求める。

	一 般 販 売	未着品販売	合 計
期首商品棚卸高	25,000	15,000	40,000
当期商品仕入高	85,000	（＊）31,000	116,000
合 計	110,000	46,000	156,000
期末商品棚卸高	△ 30,000	△ 10,000	△ 40,000
売 上 原 価	80,000	36,000	116,000

（＊）貨物代表証券の当期取得高は40,000円であったが，9,000円は現品引取時に「仕入」勘定に振り
替えているため，一般販売における当期仕入高としている。
∴　未着品仕入：40,000円〈貨物代表証券当期取得高〉－9,000〈現品引取高〉
　　　　　　　＝31,000円〈未着品仕入〉

(2) 決算整理仕訳
① 手許商品

（仕　　　　　入）	25,000	（繰 越 商 品）（＊1）	25,000
（繰 越 商 品）（＊2）	30,000	（仕　　　　　入）	30,000

（＊1）期首手許商品原価（＝整理前T/B繰越商品）
（＊2）期末手許商品原価

② 未着品

（仕　　　　　入）	46,000	（未　　　着　　　品）（＊1）	46,000
（未　　着　　品）（＊2）	10,000	（仕　　　　　入）	10,000

（＊1）期首未着品原価＋未着品仕入高＝整理前T/B未着品
（＊2）期末未着品原価

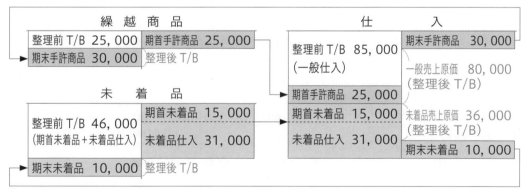

整理後 T/B「仕入」⇨ 80,000円〈一般売上原価〉＋36,000円〈未着品売上原価〉＝ 116,000円

2．決算整理後残高試算表（一部）

決算整理後残高試算表　　　（単位：円）

期末手許商品原価⇨	繰 越 商 品	30,000	一 般 売 上	100,000	⇦当期一般販売高
期末未着品原価⇨	未　着　品	10,000	未 着 品 売 上	60,000	⇦当期未着品販売高
一般売上原価⇨ +未着品売上原価	仕　　　　　入	116,000			

2. その都度法

(1) 期中処理

その都度法では，期中において貨物代表証券を取得したときは，手許にある商品（手許商品）と区別して管理するため，「未着品」勘定で処理する。また，貨物代表証券のまま他人に転売（販売）したときは，その売価を「未着品売上」勘定で処理するとともに，原価（未着品売上原価）を転売（販売）のつど「未着品」勘定から「仕入」勘定へ振り替える。

設例 9-3　　　　　　　　　　　　　　　　　　　　　　　　　　　　　　**仕　訳**

次の資料により，仕訳を示しなさい。

（資料1）期首試算表（一部）

期 首 試 算 表　　　（単位：円）

繰 越 商 品	25,000
未 着 品	15,000

（資料2）期中取引

(1) 商品76,000円を掛けで仕入れた。

(2) 運送中の商品40,000円を貨物代表証券により取得し，代金は掛けとした。

(3) 貨物代表証券9,000円と引換えに商品を受け取った。

(4) 商品80,000円を得意先に100,000円で掛け販売（一般販売）した。

(5) 貨物代表証券手許有高のうち36,000円を60,000円で掛けにより転売した。なお，売上原価は，販売のつど仕入勘定へ振り替える方法（その都度法）による。

【解答・解説】

(1)　商品仕入時

（仕 入）	76,000	（買 掛 金）	76,000
手許商品			

(2)　貨物代表証券取得時

（未 着 品）	40,000	（買 掛 金）	40,000
貨物代表証券			

(3)　現品引取時

（仕 入）	9,000	（未 着 品）	9,000
手許商品		貨物代表証券	

(4)　商品販売時（一般販売）

（売 掛 金）	100,000	（一 般 売 上）	100,000

⑸　貨物代表証券転売時

（売 掛 金）	60,000	（未着品売上）	60,000
（仕 入）	36,000	（未 着 品）	36,000
未着品売上原価			

以上の仕訳の結果，決算整理前の各勘定の残高は次のようになる。

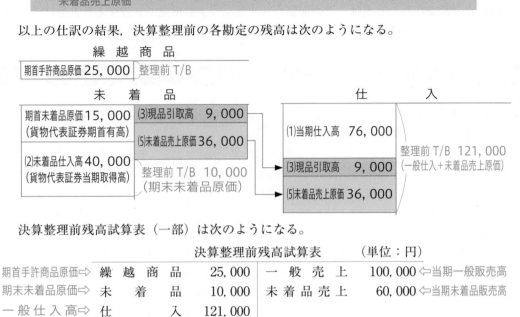

決算整理前残高試算表（一部）は次のようになる。

		決算整理前残高試算表		（単位：円）
期首手許商品原価⇨	繰 越 商 品	25,000	一 般 売 上	100,000 ⇦当期一般販売高
期末未着品原価⇨	未 着 品	10,000	未 着 品 売 上	60,000 ⇦当期未着品販売高
一 般 仕 入 高⇨ ＋未着品売上原価	仕 入	121,000		

204

(2) 決算時（決算整理仕訳）

一般販売と未着品販売の売上原価を「仕入」勘定で一括して計算するための，決算整理仕訳を行う。一般販売については，期首手許商品の原価を「繰越商品」勘定から「仕入」勘定へ振り替え，期末手許商品の原価を「仕入」勘定から「繰越商品」勘定へ振り替える。また，未着品販売については，期末未着品原価を「未着品」勘定から「仕入」勘定へ振り替えるとともに，同額を「仕入」勘定から「未着品」勘定へ再び振り替える。なお，この処理は省略することもある。

設例 9-4（設例9-3の続き）

次の資料により，損益計算書（売上総利益まで）および貸借対照表（一部）を作成しなさい。

（資料1）決算整理前残高試算表（一部）

決算整理前残高試算表 　　（単位：円）

繰 越 商 品	25,000	一 般 売 上	100,000
未 着 品	10,000	未 着 品 売 上	60,000
仕 入	121,000		

（資料2）決算整理事項

(1) 期末手許商品原価は30,000円である。

(2) 期首未着品原価は15,000円であり，未着品販売の原価率は毎期60％である。なお，売上原価は，販売のつど仕入勘定へ振り替える方法（その都度法）による。

【解　答】

損 益 計 算 書 　　（単位：円）

Ⅰ 売 　 上 　 高		
1．一 般 売 上 高	100,000	
2．未 着 品 売 上 高	60,000	160,000
Ⅱ 売 　 上 　 原 　 価		
1．期首商品棚卸高	40,000	
2．当期商品仕入高	116,000	
合　　　計	156,000	
3．期末商品棚卸高	40,000	116,000
売上総利益		44,000

貸 借 対 照 表 　　（単位：円）

商　　　品	40,000	

205

【解　説】

1．売上原価の算定

(1) 原価ボックスの作成

　　手許商品区分法（その都度法）では，手許にない商品を「未着品」勘定で処理し，手許にある商品を「仕入」勘定で処理しているため，未着品販売と一般販売でそれぞれ別々の原価ボックスを作成する。

60,000〈T/B 未着品売上〉×0.6〈未着品原価率〉

原価ボックス（未着品）

| 期首未着品 15,000 | 未着品売上原価 36,000 |
| 未着品仕入 31,000
（貸借差額） | T/B 未着品 10,000 |

期末未着品

原価ボックス（一般販売）

T/B 繰越商品 25,000	一般売上原価 80,000
T/B 仕　入 121,000	（貸借差額）
未着品売上原価△36,000	
一般仕入 85,000	期末手許商品 30,000

（注）その都度法の場合には，未着品販売の売上原価36,000円が決算整理前残高試算表の「仕入」勘定に振り替えられているので，一般販売の売上原価の計算上，これを控除する。

　　上記の2つの原価ボックスをまとめて，損益計算書の売上原価の構成要素を求める。

（単位：円）

	一　般　販　売	未着品販売	合　　　計
期首商品棚卸高	25,000	15,000	40,000
当期商品仕入高	85,000	(＊)31,000	116,000
合　　　計	110,000	46,000	156,000
期末商品棚卸高	△ 30,000	△ 10,000	△ 40,000
売　上　原　価	80,000	36,000	116,000

（＊）貨物代表証券の当期取得高は40,000円であったが，9,000円は現品引取時に「仕入」勘定に振り替えているため，一般販売における当期仕入高としている。

　　∴　未着品仕入：40,000円〈貨物代表証券当期取得高〉－9,000〈現品引取高〉
　　　　　　　　　　＝31,000円〈未着品仕入〉

(2) 決算整理仕訳

① 手許商品（一般販売）

| （仕　　　　　入） | 25,000 | （繰　越　商　品）(＊1) | 25,000 |
| （繰　越　商　品）(＊2) | 30,000 | （仕　　　　　入） | 30,000 |

（＊1）期首手許商品原価（＝整理前T/B繰越商品）
（＊2）期末手許商品原価

② 未着品

　　三分法（その都度法）の決算整理について，次の2つの処理方法がある。

(A)決算整理仕訳を行わない方法	(B)決算整理仕訳を行う方法
仕　訳　な　し	（仕　　入）10,000　（未　着　品）10,000 期末未着品原価
（注）この方法は，期中に未着品売上原価を「仕入」勘定へ振り替えているので，決算整理仕訳は行わないという考え方である。	（未　着　品）10,000　（仕　　入）10,000 期末未着品原価

206

未着品販売について，(B)決算整理仕訳を行う方法による場合の勘定記入は，次のようになる。

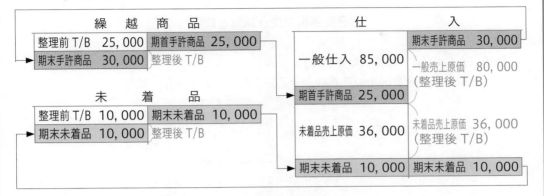

（注）(A)の方法と(B)の方法のどちらであっても結果は同じになる。

整理後T/B「仕入」⇨ 80,000円〈一般売上原価〉＋36,000円〈未着品売上原価〉＝**116,000円**

2．決算整理後残高試算表（一部）

決算整理後残高試算表　　　（単位：円）

期末手許商品原価⇨	繰　越　商　品	30,000	一　般　売　上	100,000	⇦当期一般販売高
期末未着品原価⇨	未　　着　　品	10,000	未着品売上	60,000	⇦当期未着品販売高
一般売上原価⇨ ＋未着品売上原価	仕　　　　　入	116,000			

参考　**荷為替の引受け**

未着品販売における荷為替の引受けとは，貨物代表証券（未着品）と引替えに，仕入先が振り出した為替手形を引き受けることをいう。為替手形を引き受けた場合には，「支払手形」勘定で処理する。

（注）為替手形とは，手形の振出人が，名宛人（引受人，支払人）に対して，手形に記載した期日（支払期日，満期日）に手形に記載した金額（手形金額，額面金額）を，指図人（受取人）に支払うことを依頼した特殊な手形をいう。

〈例〉運送中の商品40,000円の貨物代表証券を取得し，仕入先が振り出した額面40,000円の為替手形を引き受けた。

（未　着　品）	40,000	（支　払　手　形）	40,000

付　録

日商簿記で使う算数と数学

1. 分数

(1) 加算（たしざん）・減算（ひきざん）

① 分母が同じ分数同士のときは，分子同士をそのまま加算・減算する。

（例1）　　　　　　　　　　　　　　　　　　そのまま加算

$$\frac{3}{7} + \frac{2}{7} = \frac{3+2}{7} = \frac{5}{7}$$

（例2）　　　　　　　　　　　　　　　　　　そのまま減算

$$\frac{3}{7} - \frac{2}{7} = \frac{3-2}{7} = \frac{1}{7}$$

② 分母が違う分数同士のときは，分母の数を揃えてから分子同士を加算・減算する。

（例）

$$\frac{1}{3} + \frac{1}{2} = \frac{1 \times 2}{3 \times 2} + \frac{1 \times 3}{2 \times 3}$$

分母を6に揃える（通分）ためにそれぞれ2と3を掛ける。なお，分数の分母と分子に同じ数を掛けても，分数の大きさは変わらない。

$$= \frac{2}{6} + \frac{3}{6} = \frac{5}{6}$$

(2) 乗算（かけざん）

分母同士の乗算は，分母同士，分子同士を掛ける。

（例）

$$\frac{1}{3} \times \frac{2}{5} = \frac{1 \times 2}{3 \times 5} = \frac{2}{15}$$

(3) 除算（わりざん）

除算は，割る数の逆数（分子と分母を入れ替えた分数）を掛ける。

（例）　　　　　　　　　　　　　　　　　　　　　分子と分母を入れ替えて掛ける。

$$\frac{1}{3} \div \frac{2}{5} = \frac{1}{3} \times \frac{5}{2} = \frac{1 \times 5}{3 \times 2} = \frac{5}{6}$$

2. 歩合と百分率

割合を表す単位として，歩合（ぶあい）や百分率（ひゃくぶんりつ）などがある。

(1) 歩合

通常，試合の勝率などを「○割（わり）○分（ぶ）○厘（りん）」のように表すが，これを歩合という。

「割」は分数で10分の1（小数で0.1），「分」は100分の1（0.01），「厘」は1,000分の1（0.001）を表す。

具体的には，試合の勝率で「5割4分1厘」を小数で表すと0.541となる。

⑵　**百分率**

　　百分率とは，％（パーセント）のことをいい，もとになるものを100等分した場合の割合を表したものをいう。

　　たとえば，空気中に含まれる窒素の割合はおよそ78%だが，これは，もとになる空気を100等分したうちのおよそ78の割合が窒素であることを表す。空気を1としたとき，窒素の割合を小数で表すと，およそ0.78となる。

⑶　**小数，分数，歩合，百分率の関係**

　　小数，分数，歩合，百分率を表にすると以下のようになる。

小　数	0.1	0.25	0.5
分　数	$\dfrac{1}{10}=\dfrac{10}{100}$	$\dfrac{1}{4}=\dfrac{25}{100}$	$\dfrac{1}{2}=\dfrac{5}{10}=\dfrac{50}{100}$
歩　合	1割	2割5分	5割
百分率	10%	25%	50%

3.　一次方程式

　　一次方程式は次のように解く。

⑴　「$25x-50=75$」を解く。

　　①　左辺の「-50」を右辺に移項する。このとき，符号の「$-$」は「$+$」に変わる。

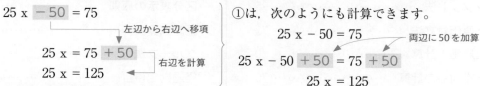

$$25x \boxed{-50} = 75$$

左辺から右辺へ移項

$$25x = 75 \boxed{+50}$$

右辺を計算

$$25x = 125$$

①は，次のようにも計算できます。

$$25x - 50 = 75$$

両辺に50を加算

$$25x - 50 \boxed{+50} = 75 \boxed{+50}$$

$$25x = 125$$

　　②　両辺を25で割って，xを求める。

両辺を25で割る

$$25x \boxed{\div 25} = 125 \boxed{\div 25}$$

$$x = 5 \cdots （答）$$

⑵　「$2-x=4(2-x)$」を解く。

　　①　右辺のカッコ（　）をはずす。

それぞれの項に掛ける。

$$2-x = \boxed{4}(2-x)$$

$$2-x = \boxed{4} \times 2 - \boxed{4} \times x$$

$$2-x = 8 - 4x$$

　　②　右辺の$-4x$を左辺に移項する。

$$2-x \boxed{+4x} = 8$$

$$2+3x = 8$$

　　③　左辺の2を右辺に移項する。

$$3x = 8 \boxed{-2}$$

$$3x = 6$$

　　④　両辺を3で割って，xを求める。

$$3x \boxed{\div 3} = 6 \boxed{\div 3}$$

$$x = 2 \cdots （答）$$

さくいん

あ

アウトプット法 ……………………… 95
後入先出法 …………………………… 105
洗替法 ………………………………… 108
委託買付 ……………………………… 182
委託販売 ………………………… 163, 168
一年基準 ……………………………… 21
一括法 ………………………………… 107
一般原則 ……………………………… 32
移動平均法 ……………………… 89, 104
インプット法 ………………………… 95
売上原価対立法 ……………………… 72
売上原価の計算 ……………………… 70
売上総利益の計算 …………………… 70
売上割戻 ……………………………… 119
営業手続 …………………………… 3, 6
英米式決算法 ……………………… 3, 4
役務収益・役務原価 ………………… 87

か

会計公準 ……………………………… 40
会計上の変更 ………………………… 65
会計方針 ……………………………… 35
開始記入 ……………………………… 4
開始手続 …………………………… 2, 4
会社法 ………………………………… 30
会社計算規則 ………………………… 30
カスタマー・ロイヤルティ・プログラム
……………………………………… 130

割賦販売 ……………………………… 162
貨物代表証券 ………………………… 198
勘定分析 ……………………………… 75
期間的対応（ピリオド対応） ………… 42
企業会計原則 ………………………… 31
企業会計原則注解 …………………… 31
期末一括法 ………………… 169, 185, 198
切放法 ………………………………… 108
金融商品取引法 ……………………… 30
偶発債務 ……………………………… 37
区分表示の原則 …………………… 46, 50
繰越試算表 …………………………… 8
グループ法 …………………………… 107
経過勘定項目 ……………………… 5, 44
継続性の原則 ………………………… 38
契約資産 ……………………………… 116
契約負債 ……………………………… 118
決算残高勘定 ………………………… 15
決算整理 ……………………………… 6
決算手続 …………………………… 3, 6
決算振替 ……………………………… 7
月次決算 ……………………………… 25
原価回収基準 ………………………… 157
原価主義の原則 ……………………… 53
原価法 ………………………………… 89
原価率 ………………………………… 82
現金主義 ……………………………… 43
権利義務確定主義 …………………… 43
工事契約 ……………………………… 150

210

工事収益の計算 ……………………… 152
工事損失引当金 ……………………… 159
工事未収入金 ………………………… 150
後発事象 ……………………………… 36
固定性配列法 ………………………… 51
誤謬の訂正 …………………………… 59
個別的対応（プロダクト対応）……… 42
個別法 ………………………… 89, 104

さ

最終仕入原価法 ……………………… 105
財政状態 ……………………………… 48
再振替仕訳 …………………………… 5
財務会計の概念フレームワーク …… 54
財務諸表 ……………………………… 3
財務諸表等規則 ……………………… 30
先入先出法 ………………… 89, 94, 104
三分法（三分割法）………………… 70
仕入割引 ……………………………… 80
試算表 ………………………………… 3
実現主義の原則 ……………………… 43
四半期財務諸表 ……………………… 28
資本と利益の区別の原則 …………… 34
資本取引 ……………………………… 34
収益認識 ……………………………… 112
収益・費用の計上原則 ……………… 42
収支主義の原則 ……………………… 42
重要性の原則 ………………………… 33
重要な金融要素 ……………………… 124
受託買付 ……………………………… 182
受託販売 ……………………………… 181
取得原価 ……………………………… 89
試用販売 ……………………………… 184
商品券 ………………………………… 128

商品評価損 …………………………… 90
正味売却価額 ………………………… 89
真実性の原則 ………………………… 32
正規の簿記の原則 …………………… 32
正常営業循環基準 …………………… 21
制度会計 ……………………………… 30
積送諸掛 ……………………………… 178
絶対的真実 …………………………… 32
総額主義の原則 …………………… 46, 50
総記法 ………………………………… 74
相対的真実 …………………………… 32
総平均法 …………………………… 89, 104
その都度法 ……………… 173, 189, 203
損益計算書 …………………………… 8
損益計算書原則 ……………………… 41
損益取引 ……………………………… 34

た

貸借対照表 …………………………… 8
貸借対照表完全性の原則 …………… 48
貸借対照表原則 ……………………… 48
貸借対照表の配列 …………………… 51
対照勘定法 …………………………… 193
大陸式決算法 ……………………… 3, 15
代理人 ………………………………… 125
他勘定振替高 ………………………… 81
棚卸減耗損 ………………………… 90, 94
棚卸資産 ……………………………… 88
棚卸資産の評価方法 ………………… 89
棚卸法 ………………………………… 33
単一性の原則 ………………………… 40
中間財務諸表 ………………………… 28
注記 …………………………………… 35
陳腐化 ………………………………… 90

低価法 ……………………………… 89

低価法の適用単位 ……………………… 107

低価法の適用方法 ……………………… 108

手許商品区分法 ………… 169, 185, 198

当期業績主義 …………………………… 41

投資その他の資産 ……………………… 52

取引価格 ………………………………… 119

トレーディング目的で保有する棚卸資産

……………………………… 88, 111

な

荷為替 …………………………………… 207

値入率 …………………………………… 85

は

売価還元原価法 ………………… 95, 96

売価還元低価法 ………………………… 99

売価還元法 ……………………… 95, 104

発生主義会計 …………………………… 44

発生主義の原則 ………………………… 43

半発生主義 ……………………………… 43

評価基準 ………………………………… 89

評価損等の計算 ………………………… 90

評価損等の表示 ………………………… 90

費用収益対応の原則 …………… 42, 46

費用収益対応表示の原則 ……………… 46

費用配分の原則 ………………………… 53

品質低下 ………………………………… 90

品目法 …………………………………… 107

付加率 …………………………………… 85

附属明細表と附属明細書 ……………… 37

分記法 …………………………………… 73

平均原価法 ……………………… 89, 104

変動対価 ………………………………… 119

返品 ……………………………………… 78

返品権付き販売 ………………………… 120

包括主義 ………………………………… 41

簿外資産と簿外負債 …………………… 49

簿記一巡の手続き ……………………… 2

保守主義の原則 ………………………… 39

本人 ……………………………………… 125

ま

マークアップ率 ………………………… 85

前受収益 …………………………… 5, 44

前払費用 …………………………… 5, 44

未収収益 …………………………… 5, 45

未成工事受入金 ………………………… 150

未着品販売 ……………………………… 198

未払費用 …………………………… 5, 45

明瞭性の原則 …………………………… 34

や

誘導法 …………………………………… 33

予約販売 ………………………………… 163

ら

利益加算率 ……………………………… 85

利益率 …………………………………… 82

履行義務 ………………………………… 112

流動性配列法 …………………………… 51

連結財務諸表 …………………………… 28

わ

割引 ……………………………………… 80

割戻し …………………………………… 78

参考文献

「連結財務諸表の実務」（朝日監査法人，アーサーアンダーセン　中央経済社）

「新版財務会計論」（新井清光　中央経済社）

「上級簿記」（新井清光　中央経済社）

「現代会計学」（新井清光　中央経済社）

「Ｑ＆Ａ金融商品会計」（伊藤真，花田重典，荻原正佳　税務経理協会）

「デリバティブの会計実務」（荻茂生，川本修司　中央経済社）

「財務会計概論」（加古宜士　中央経済社）

「新版Ｑ＆Ａ金融商品会計の実務」（監査法人トーマツ　清文社）

「財務会計」（広瀬義州　中央経済社）

「連結会計入門」（広瀬義州　中央経済社）

「株式会社会計」（桜井久勝　税務経理協会）

「財務会計論」（森川八洲男　税務経理協会）

「仕訳実務便覧1000」（東陽監査法人　洋光）

「簿記Ⅰ，Ⅱ，Ⅲ」（武田隆二　税務経理協会）

「財務諸表論」（武田隆二　中央経済社）

「決算実務ハンドブック」（嶌村剛雄　中央経済社）

「合併・分割・株式交換等の実務」（澤田眞史，東京北斗監査法人　清文社）

「企業会計」（中央経済社）

「ＪＩＣＰＡジャーナル」（日本公認会計士協会）

MEMO

よくわかる簿記シリーズ

合格テキスト　日商簿記1級商業簿記・会計学Ⅰ　Ver. 18. 0

2001年12月10日　初　版　第1刷発行
2023年11月20日　第20版　第1刷発行

編　著　者	Ｔ Ａ Ｃ 株 式 会 社	
	（簿記検定講座）	
発　行　者	多　田　敏　男	
発　行　所	ＴＡＣ株式会社　出版事業部	
	（ＴＡＣ出版）	

〒101－8383
東京都千代田区神田三崎町3－2－18
電　話　03（5276）9492（営業）
FAX　03（5276）9674
https://shuppan. tac-school. co. jp

組　　版	朝日メディアインターナショナル株式会社	
印　　刷	株 式 会 社　ワ　コ　ー	
製　　本	株 式 会 社　常　川　製　本	

© TAC 2023　　　　Printed in Japan　　　　ISBN 978－4－300－10659－4
N.D.C. 336

簿記検定講座のご案内

選べる学習メディアでご自身に合うスタイルでご受講ください！

通学講座　　3級コース　3・2級コース　2級コース　1級コース　1級上級・アドバンスコース

教室講座　　通って学ぶ

定期的な日程で通学する学習スタイル。常に講師と接することができるという教室講座の最大のメリットがありますので、疑問点はその日のうちに解決できます。また、勉強仲間との情報交換も積極的に行えるのが特徴です。

ビデオブース講座　　通って学ぶ／予約制

ご自身のスケジュールに合わせて、TACのビデオブースで学習するスタイル。日程を自由に設定できるため、忙しい社会人に人気の講座です。

直前期教室出席制度
直前期以降、教室受講に振り替えることができます。

| 無料体験入学 | ご自身の目で、耳で体験し納得してご入学いただくために、無料体験入学をご用意しました。 |
| 無料講座説明会 | もっとTACのことを知りたいという方は、無料講座説明会にご参加ください。 |

無　料
予約不要※

※ビデオブース講座の無料体験入学は要予約。
　無料講座説明会は一部校舎では要予約。

通信講座　　3級コース　3・2級コース　2級コース　1級コース　1級上級・アドバンスコース

Web通信講座　　スマホやタブレットにも対応／見て学ぶ

教室講座の生講義をブロードバンドを利用し動画で配信します。ご自身のペースに合わせて、24時間いつでも何度でも繰り返し受講することができます。また、講義動画はダウンロードして2週間視聴可能です。有効期間内は何度でもダウンロード可能です。
※Web通信講座の配信期間は、お申込コースの目標月の翌月末までです。

TAC WEB SCHOOL ホームページ
URL https://portal.tac-school.co.jp/
※お申込み前に、左記のサイトにて必ず動作環境をご確認ください。

DVD通信講座　　見て学ぶ

講義を収録したデジタル映像をご自宅にお届けします。講義の臨場感をクリアな画像でご自宅にて再現することができます。
※DVD-Rメディア対応のDVDプレーヤーでのみ受講が可能です。パソコンやゲーム機での動作保証はいたしておりません。

資料通信講座　（1級のみ）

テキスト・添削問題を中心として学習します。

Webでも無料配信中！　スマホ タブレット／パソコン
「TAC動画チャンネル」

- ● 講座説明会　※収録内容の変更のため、配信されない期間が生じる場合がございます。
- ● 1回目の講義（前半分）が視聴できます

詳しくは、TACホームページ
「TAC動画チャンネル」をクリック！

TAC動画チャンネル　簿記　　検索

コースの詳細は、簿記検定講座パンフレット・TACホームページをご覧ください。

パンフレットの
ご請求・お問い合わせは、
TACカスタマーセンターまで

通話無料 0120-509-117
ゴウカク イイナ

| 受付時間 | 月～金 9:30～19:00 |
| | 土・日・祝 9:30～18:00 |
※携帯電話からもご利用になれます。

TAC簿記検定講座
ホームページ

TAC 簿記　　検索

資格の学校 TAC

簿記検定講座

お手持ちの教材がそのまま使用可能!
【テキストなしコース】のご案内

TAC簿記検定講座のカリキュラムは市販の教材を使用しておりますので、こちらのテキストを使ってそのまま受講することができます。独学では分かりにくかった論点や本試験対策も、TAC講師の詳しい解説で理解度も120％UP! 本試験合格に必要なアウトプット力が身につきます。独学との差を体感してください。

左記の各メディアが【テキストなしコース】でお得に受講可能!

こんな人にオススメ!

● テキストにした書き込みをそのまま活かしたい!
● これ以上テキストを増やしたくない!
● とにかく受講料を安く抑えたい!

※お申込前に必ずお手持ちのバージョンをご確認ください。場合によっては最新のものに買い直していただくことがございます。詳細はお問い合わせください。

お手持ちの教材をフル活用!!

合格テキスト

合格トレーニング

会計業界への就職・転職支援サービス

TPB

TACの100%出資子会社であるTACプロフェッションバンク（TPB）は、会計・税務分野に特化した転職エージェントです。勉強された知識とご希望に合ったお仕事を一緒に探しませんか？相談だけでも大歓迎です！どうぞお気軽にご利用ください。

人材コンサルタントが無料でサポート

Step1 相談受付 完全予約制です。HPからご登録いただくか、各オフィスまでお電話ください。

Step2 面談 ご経験やご希望をお聞かせください。あなたの将来について一緒に考えましょう。

Step3 情報提供 ご希望に適うお仕事があれば、その場でご紹介します。強制はいたしませんのでご安心ください。

正社員で働く

- 安定した収入を得たい
- キャリアプランについて相談したい
- 面接日程や入社時期などの調整をしてほしい
- 今就職すべきか、勉強を優先すべきか迷っている
- 職場の雰囲気など、求人票でわからない情報がほしい

TACキャリアエージェント

https://tacnavi.com/

派遣で働く（関東のみ）

- 勉強を優先して働きたい
- 将来のために実務経験を積んでおきたい
- まずは色々な職場や職種を経験したい
- 家庭との両立を第一に考えたい
- 就業環境を確認してから正社員で働きたい

TACの経理・会計派遣

https://tacnavi.com/haken/

※ご経験やご希望内容によってはご支援が難しい場合がございます。予めご了承ください。　※面談時間は原則お一人様30分とさせていただきます。

自分のペースでじっくりチョイス

正社員・アルバイトで働く

- 自分の好きなタイミングで就職活動をしたい
- どんな求人案件があるのか見たい
- 企業からのスカウトを待ちたい
- WEB上で応募管理をしたい

Webで

TACキャリアナビ

https://tacnavi.com/kyujin/

就職・転職・派遣就労の強制は一切いたしません。会計業界への就職・転職を希望される方への無料支援サービスです。どうぞお気軽にお問い合わせください。

 TACプロフェッションバンク

■ 有料職業紹介事業　許可番号13-ユ-010678　■ 一般労働者派遣事業　許可番号（派）13-010932

東京オフィス
〒101-0051
東京都千代田区神田神保町 1-103
東京パークタワー 2F
TEL.03-3518-6775

大阪オフィス
〒530-0013
大阪府大阪市北区茶屋町 6-20
吉田茶屋町ビル 5F
TEL.06-6371-5851

名古屋 登録会場
〒453-0014
愛知県名古屋市中村区則武 1-1-7
NEWNO 名古屋駅西 8F
TEL.0120-757-655

10860572

2022年4月現在

TAC出版 書籍のご案内

TAC出版では、資格の学校TAC各講座の定評ある執筆陣による資格試験の参考書をはじめ、資格取得者の開業法や仕事術、実務書、ビジネス書、一般書などを発行しています！

TAC出版の書籍

*一部書籍は、早稲田経営出版のブランドにて刊行しております。

資格・検定試験の受験対策書籍

- ◎日商簿記検定
- ◎建設業経理士
- ◎全経簿記上級
- ◎税 理 士
- ◎公認会計士
- ◎社会保険労務士
- ◎中小企業診断士
- ◎証券アナリスト

- ◎ファイナンシャルプランナー（FP）
- ◎証券外務員
- ◎貸金業務取扱主任者
- ◎不動産鑑定士
- ◎宅地建物取引士
- ◎賃貸不動産経営管理士
- ◎マンション管理士
- ◎管理業務主任者

- ◎司法書士
- ◎行政書士
- ◎司法試験
- ◎弁理士
- ◎公務員試験（大卒程度・高卒者）
- ◎情報処理試験
- ◎介護福祉士
- ◎ケアマネジャー
- ◎社会福祉士　ほか

実務書・ビジネス書

- ◎会計実務、税法、税務、経理
- ◎総務、労務、人事
- ◎ビジネススキル、マナー、就職、自己啓発
- ◎資格取得者の開業法、仕事術、営業術
- ◎翻訳ビジネス書

一般書・エンタメ書

- ◎ファッション
- ◎エッセイ、レシピ
- ◎スポーツ
- ◎旅行ガイド（おとな旅プレミアム/ハルカナ）
- ◎翻訳小説

日商簿記検定試験対策書籍のご案内

TAC出版の日商簿記検定試験対策書籍は、学習の各段階に対応していますので、あなたの
ステップに応じて、合格に向けてご活用ください！

3タイプのインプット教材

①

> 簿記を専門的な知識に
> していきたい方向け

● 満点合格を目指し
　次の級への土台を築く

「合格テキスト」

「合格トレーニング」

● 大判のB5判、3級～1級 累計300万部超の、信頼の定番テキスト&トレーニング！
　TACの教室でも使用している公式テキストです。3級のみオールカラー。
● 出題論点はすべて網羅しているので、簿記をきちんと学んでいきたい方にぴったりです！
◆3級　□2級 商簿、2級 工簿　■1級 商・会 各3点、1級 工・原 各3点

②

> スタンダードにメリハリ
> つけて学びたい方向け

● 教室講義のような
　わかりやすさでしっかり学べる

「簿記の教科書」

「簿記の問題集」

滝澤 ななみ 著

● A5判、4色オールカラーのテキスト（2級・3級のみ）&模擬試験つき問題集！
● 豊富な図解と実例つきのわかりやすい説明で、もうモヤモヤしない!!
◆3級　□2級 商簿、2級 工簿　■1級 商・会 各3点、1級 工・原 各3点

> DVDの併用で、
> さらに理解が
> 深まります！

『簿記の教科書DVD』
● 「簿記の教科書」3、2級の準拠DVD。
　わかりやすい解説で、合格力が短時間
　で身につきます！
◆3級　□2級 商簿、2級 工簿

③

> 気軽に始めて、早く全体像を
> つかみたい方向け

● 初学者でも楽しく続けられる！

「スッキリわかる」

テキスト／問題集一体型

滝澤 ななみ 著（1級は商・会のみ）

● 小型のA5判によるテキスト／問題集一体型。これ一冊でOKの、
　圧倒的に人気の教材です。
● 豊富なイラストとわかりやすいレイアウト！ かわいいキャラの
　「ゴエモン」と一緒に楽しく学べます。
◆3級　□2級 商簿、2級 工簿　■1級 商・会 4点、1級 工・原 4点

シリーズ待望の問題集が誕生！

「スッキリとける本試験予想問題集」

滝澤 ななみ 監修　TAC出版開発グループ 編著
● 本試験タイプの予想問題9回分を掲載
◆3級　□2級

> DVDの併用で、
> さらに理解が
> 深まります！

『スッキリわかる 講義DVD』
● 「スッキリわかる」3、2級の準拠DVD。
　超短時間でも要点はのがさず解説。
　3級10時間、2級14時間＋10時間で合
　格へひとっとび。
◆3級　□2級 商簿、2級 工簿

コンセプト問題集

● 得点力をつける!
『みんなが欲しかった! やさしすぎる解き方の本』

B5判　滝澤 ななみ 著

● 授業で解き方を教わっているような新感覚問題集。再受験にも有効。
◆3級　□2級

本試験対策問題集

● 本試験タイプの
問題集
『合格するための
本試験問題集』
(1級は過去問題集)
B5判
● 12回分（1級は14回分）の問題を収載。
ていねいな「解答への道」、各問対策が
充実。
◆3級　□2級　■1級

● 知識のヌケを
なくす!
『まるっと
完全予想問題集』
(1級は網羅型完全予想問題集)
A4判
● オリジナル予想問題（3級10回分、2級12回分、
1級8回分）で本試験の重要出題パターンを網羅。
● 実力養成にも直前の本試験対策にも有効。
◆3級　□2級　■1級

直前予想

『○年度試験をあてる
TAC予想模試
＋解き方テキスト』

(1級は第○回をあてるTAC直前予想模試)

A4判
● TAC講師陣による4回分の予想問題で最終仕上げ。
● 2級・3級は、第1部解き方テキスト編、第2部予想模試編
の2部構成。
● 年3回（1級は年2回）、各試験に向けて発行します。
◆3級　□2級　■1級

あなたに合った合格メソッドをもう一冊!

仕訳 『究極の仕訳集』
B6変型判
● 悩む仕訳をスッキリ整理。ハンディサイズ、
一問一答式で基本の仕訳を一気に覚える。
◆3級　□2級

仕訳 『究極の計算と仕訳集』
B6変型判　境 浩一朗 著
● 1級商会で覚えるべき計算と仕訳がすべて
つまった1冊!
■1級 商・会

理論 『究極の会計学理論集』
B6変型判
● 会計学の理論問題を論点別に整理、手軽
なサイズが便利です。
■1級 商・会、全経上級

電卓 『カンタン電卓操作術』
A5変型判　TAC電卓研究会 編
● 実践的な電卓の操作方法について、丁寧
に説明します!

:ネット試験の演習ができる模擬試験プログラムつき（2級・3級）

:スマホで使える仕訳Webアプリつき（2級・3級）

・2023年8月現在 ・刊行内容、表紙等は変更することがあります ・とくに記述がある商品以外は、TAC簿記検定講座編です

書籍の正誤に関するご確認とお問合せについて

書籍の記載内容に誤りではないかと思われる箇所がございましたら、以下の手順にてご確認とお問合せをしてくださいますよう、お願い申し上げます。

なお、正誤のお問合せ以外の**書籍内容に関する解説および受験指導などは、一切行っておりません。**そのようなお問合せにつきましては、お答えいたしかねますので、あらかじめご了承ください。

1 「Cyber Book Store」にて正誤表を確認する

TAC出版書籍販売サイト「Cyber Book Store」の
トップページ内「正誤表」コーナーにて、正誤表をご確認ください。

CYBER TAC出版書籍販売サイト
BOOK STORE

URL:https://bookstore.tac-school.co.jp/

2 1 の正誤表がない、あるいは正誤表に該当箇所の記載がない
⇒ 下記①、②のどちらかの方法で文書にて問合せをする

★ご注意ください★

お電話でのお問合せは、お受けいたしません。

①、②のどちらの方法でも、お問合せの際には、「お名前」とともに、
「対象の書籍名（○級・第○回対策も含む）およびその版数（第○版・○○年度版など）」
「お問合せ該当箇所の頁数と行数」
「誤りと思われる記載」
「正しいとお考えになる記載とその根拠」
を明記してください。
なお、回答までに１週間前後を要する場合もございます。あらかじめご了承ください。

① ウェブページ「Cyber Book Store」内の「お問合せフォーム」より問合せをする

【お問合せフォームアドレス】

https://bookstore.tac-school.co.jp/inquiry/

② メールにより問合せをする

【メール宛先　TAC出版】

syuppan-h@tac-school.co.jp

※土日祝日はお問合せ対応をおこなっておりません。
※正誤のお問合せ対応は、該当書籍の改訂版刊行月末日までといたします。

乱丁・落丁による交換は、該当書籍の改訂版刊行月末日までといたします。なお、書籍の在庫状況等により、お受けできない場合もございます。
また、各種本試験の実施の延期、中止を理由とした本書の返品はお受けいたしません。返金もいたしかねますので、あらかじめご了承くださいますようお願い申し上げます。

（2022年7月現在）